南京文献精编

洪武京城图志 （明）礼部 纂修

金陵古今图考 （明）陈沂 撰

点校 欧阳摩壹

南京出版传媒集团
南京出版社

图书在版编目（CIP）数据

洪武京城图志；金陵古今图考 /（明）礼部纂修；
（明）陈沂撰. -- 南京：南京出版社，2024.6
（南京文献精编）
ISBN 978-7-5533-4671-7

Ⅰ. ①洪… Ⅱ. ①礼… ②陈… Ⅲ. ①南京—地方志
—明代 Ⅳ. ①K295.31

中国国家版本馆CIP数据核字（2024）第053724号

总 策 划　卢海鸣

丛 书 名　南京文献精编
书　　名　洪武京城图志·金陵古今图考
作　　者　（明）礼部　（明）陈沂
出版发行　南京出版传媒集团
　　　　　南 京 出 版 社
　　社址：南京市太平门街53号　　　　　邮编：210016
　　网址：http://www.njcbs.cn　　　　　电子信箱：njcbs1988@163.com
　　联系电话：025-83283893、83283864（营销）　025-83112257（编务）

出 版 人　项晓宁
出 品 人　卢海鸣
责任编辑　卢海鸣
装帧设计　王　俊
责任印制　杨福彬

排　　版　南京新华丰制版有限公司
印　　刷　南京新洲印刷有限公司
开　　本　890 毫米 × 1240 毫米　1/32
印　　张　3.625
字　　数　68千
版　　次　2024 年 6 月第 1 版
印　　次　2024 年 6 月第 1 次印刷
书　　号　ISBN 978-7-5533-4671-7
定　　价　30.00元

用微信或京东
APP扫码购书

用淘宝APP
扫码购书

总　序

　　南京是我国著名古都,有近2500年的有文献记载的建城史、约450年的建都史,素有"六朝古都""十朝都会"之誉。南京也是文化繁盛之地,千百年来,流传下来大量的地方文献,题材多样,内容丰富,这些文献是研究南京政治、经济、军事、文化、科技、外交和民风民俗的重要资料,是中华优秀传统文化的重要组成部分。做好历史文献的整理出版工作,深度挖掘传统文化资源,不仅有利于传承、弘扬南京历史文化,提升南京美誉度,扩大南京影响力,也有利于推动物质文明、政治文明、精神文明、社会文明和生态文明协调发展。

　　长期以来,大量的南京珍贵文献散落在全国各地的图书馆和民间,许多珍贵的南京文献被束之高阁,无人问津,有的随着岁月的流逝而湮没无闻。广大读者想要查找阅读这些散见的地方文献,费时费力,十分不便。为继承和弘扬好这一祖先留给我们的宝贵文化遗产,从2006年开始,南京出版社与南京市地方志编纂委员会办公室等单位通力合作,组织专家学者搜集南京历史上稀有的文献,将其整理出版,形成"南京稀见文献丛刊"。"南京文献精编"

就是从"南京稀见文献丛刊"中精心挑选而成,题材包括诗文、史志、实录、书信、游记、报告等,内容涵盖历史、地理、政治、经济、军事、文化、教育、宗教、民俗、陵墓、城市规划等方面,全方位、多视角地展示了南京文化的深层内涵和丰富魅力。

"睹乔木而思故家,考文献而爱旧邦。"我们希望通过这套"南京文献精编"丛书的出版,满足人民群众多层次、多方面、多样化阅读需求,打造代表新时代研究水平的高质量南京基础古籍版本,为推进中国式现代化南京新实践提供精神动力。

"南京文献精编"编委会

导　读

　　在南京地方史志古籍中,《洪武京城图志》和《金陵古今图考》是两部有特色的方志古籍。二书同而有异。同者,以图为主,文字考释于后,言辞简洁;且同为明代纂修、刊印,后又同时于民国十八年(1929年)由"中社"影印出版,民国三十六年(1947年)列入《南京文献》第三、四号重刊。异者,《洪武京城图志》着力于横向铺陈,展示繁华京城的宏大气象;而《金陵古今图考》则是纵向诠释,介绍金陵古城的历史变迁。

　　《洪武京城图志》,明太祖敕礼部纂修。本版本据明弘治王鸿儒重刊本点校,并参校民国"中社"影印本和《南京文献》等版本。前有洪武二十八年(1395年)杜泽《〈洪武京城图志〉序》、王俊华《〈洪武京城图志〉记》及《皇都山川封城图考》;次为目录:宫阙、城门、山川、坛庙、官署、学校、寺观、桥梁、街市、楼馆、仓库、厩牧、园圃(原目录计十三门,但内容或阙,或与目录次序不一。兹将目录作微调,以与正文内容相合);再次为正文,文虽简略,但于"城郭宫室、郊庙坛、街衢楼馆、山川桥道,详也"(王鸿儒跋语),展现了明初经过二三十年的建设,南京作为京都的盛大规

1

模、雄伟气象;文中插图九:《皇城图》《京城山川图》(据书目文献出版社出版《北京图书馆古籍珍本丛刊·24》补入)、《大礼坛》《山川坛》《庙宇寺观图》《官署图》《国学图》、《街市桥梁图》《楼馆图》。文末系王鸿儒、归有光、朱绪曾三跋。王鸿儒跋介绍弘治壬子(1492年)重刊此书的原委;朱绪曾跋除介绍此书概貌外,还对当时的"楼馆"作考证。本次再刊时,附"中社"影印本柳诒徵跋于书后。

明南京城(包括外郭、京城、皇城、宫城)的建设,始于元至正二十六年(1366年),至明洪武十九年(1386年)已大致建成。洪武二十八年(1395年)时,南京作为都城的建设(包括官署、桥梁、楼馆等等),已告基本结束,"神京天府之雄,龙蟠虎踞之胜"的盛大景象展现于世人面前,为"使四海之内、遐陬荒服,得而观之",明太祖敕礼部绘图,编成此图志,所以该书是反映当时南京最及时且直观形象的一部图志,具有相当高的史料价值,且对今天的城市、经济、文化建设和文物保护,都有相当高的参考价值。"不惟治史者得以覃索明都,即今日经营建设,亦宜研阅,以识前人之伟大"(柳诒徵跋语)。柳先生此语,言于民国,但仍适用于今日。就治史志而言,此书对明清南京方志及民国朱偰《金陵古迹图考》等书有相当的影响,被引录甚多。

《金陵古今图考》,明代陈沂撰。本版次据明正德丙子(1516年)刻本点校,并参校"中社"影印本和《南京文献》本。前有正德丙子陈沂自序,曰:"予家三世居南都,虽历京阙之胜,莫考前代。乙亥岁(1515年),京尹以府志属笔,细绎旧史,博洽群记,私创为图。"此书有图十六,每图后皆附以图考。其中,介绍历代城郭变迁者十二:《吴越楚地图》《秦秣陵县图》《汉丹阳郡图》《孙吴都建邺图》、《东晋都建康图》《南朝都建康图》《隋蒋州图》《唐昇州图》《南唐江宁府图》《宋建康府图》《元集庆路图》《国朝都城图》;南京所辖地域及境内山水图三:《应天府境方括图》《境内诸山图》《境内诸水图》;又因"城郭规制,随世异态",作《历代互见图》以辨之。本版之图,大多采自清刻本《秣陵集》,因其较为清晰。另,本册二书原图中文字不清者,以印刷体补之,请读者诸君鉴谅。《金陵古今图考》原无目录,现加目录。原书中部分地名加圆括弧,现保留未动。

陈沂(1469~1538年),初字宗鲁,后字鲁南,号石亭,鄞(今浙江宁波)人,居金陵(今南京)。正德十二年(1517年)进士,官至山西行、太仆寺卿。《明史》"文苑"附传。少好苏轼之学,自号小坡。诗文书画皆精擅,时人誉为"金陵三俊"、"弘治十才子"之一。除《金陵古今图考》外,陈沂还著有《金陵名山记》《金陵世纪》《南畿志》《献花岩志》等。可以说,陈沂不但是明代中期颇有名望的书画家、学者,同时还是卓有贡献的南京史志学家。

《金陵古今图考》作于陈沂未登第之前的正德十一年(1516年)。陈沂在参考《景定建康志》《至正金陵新志》等方志基础上,精心绘图,并加以考订而成。此书对清代及民国南京地方史志产生较大影响。清陈文述所撰《秣陵集》即引录其图考大半。"游金陵者,多嗜读陈云伯《秣陵集》《秣陵集》所载图考,皆直录陈鲁南《金陵古今图考》,而不言其所自。鲁南为图十有六,云伯橅录十有三,逐篇略加考订,惟未载府境方括图、境内诸山、诸水图。"(柳诒徵跋)民国朱偰撰写《金陵古迹图考》,书中有《吴都建邺图》《东晋都建康图》《南朝都建康图》《明都城图》等,虽为现代测绘技术制作而成,但对《金陵古今图考》也多有借鉴、参考。20世纪末出版的马伯伦主编《南京建置志》,也引用该书《孙吴都建邺图》《东晋都建康图》等。

《洪武京城图志》因系明太祖朱元璋敕礼部纂修,质量较高,舛误不多;而《金陵古今图考》为私人纂修,且书中多有引录前人之语,因校核不严,质量略逊,有字误、漏字等现象,有的为明显讹误(点校者于页尾注明)。如:

《〈金陵古今图考〉序》中有"元符改郡增属,作《汉丹杨郡图》"句;《汉丹阳郡图考》云:"元符二年,改(鄣郡)为(丹阳郡),统县十七,秣陵、湖熟、永平、江乘、句容、溧阳隶焉,皆鄣郡旧地。"而汉代并无"元符"年号。南宋《景定建康志》卷六:"(武帝)元封二年,废鄣郡,置丹阳郡,属扬州,统县十七。"可见此处"元符二年"应为"元封二年"之误。20世纪80年代出版的《南京简志》第一篇中,也从"元封二年"说。

《东晋都建康图考》中有"正南曰大司马门,北昌平门"句。查该书《东晋都建康图》《南朝都建康图》,此门为"平昌门";《景定建康志》卷二也记载为"平昌门"。此处"昌平门"显系"平昌门"之误。

《应天府境方括图》左下有"应昌乡"。查《至正金陵新志》等书,此处应为"唐昌乡"。

民国三十六年(1947年)出版的《南京文献》第三、四号上,分别刊有《洪武京城图志》《金陵古今图考》。编者于文内以逗号或句号断句,给读者带来一定方便。但图版较小,印工不良,看不清楚;而且讹误甚多,或为字漏,或为字误,或为断误。

《洪武京城图志》字误者如:

杜泽《〈洪武京城图志〉序》:"洪武二十八年冬十又二月二十二日承直郎詹事府丞臣杜泽谨序"。此句"詹事府"、"杜泽"分别误为"詹君府"、"社泽"。

王俊华《〈洪武京城图志〉记》:"遂北摧幽燕,西临汾晋,入陕右,尽有秦陇之地"。"北摧"、"入陕右"分别误为"此摧"、"入陕石"。

"寺观"一节最后一条:"卢龙观,国朝新建"。误为"国龙观,卢朝新建"。

断误者如:

"官署"一节:"钦天回回监,在聚宝门外。其测候台,在聚宝山。"误为"钦天回回监,在聚宝外其测候台,在聚宝山"。

"桥梁"一节:"淮清桥,在大中桥西南一里淮水,旧名东水闸,今名淮清桥。"误为"淮清桥,在大中桥西南一里,淮水旧名东水闸,今名淮清桥"。

《金陵古今图考》字误者如:

《〈金陵古今图考〉序》:"予家三世居南都,虽历览京阙

5

之胜,莫考前代。"后两句误为"虽历览京阙之胜,征考前代"。

《隋蒋州图考》:"十八年,废(溧阳),并入溧水。"误为"十八年,废(丹阳),并入溧水"。

《唐昇州图考》:"按《宫苑记》,隋大业六年,置金陵城,在玄风观南围。"此处《宫苑记》误为《吴苑记》。

断误者如:

《南朝都建康图考》:"东晋既亡,宋齐梁陈,相继为据。宫城都城,皆仍于晋,号京輦神皋。初,刘裕逼晋主官于秣陵县。"后数句误为"号京輦。神皋初,刘裕逼晋主官于秣陵县"。东晋及南朝宋,并无"神皋"年号,此处"皋"者,为皋门(即郭门)之简称。

《隋蒋州图考》:"大业初,改蒋州,复名(溧阳郡)。省建康、秣陵、同夏三县,入江宁。"误为"大业初,改蒋州,复名(溧阳郡)省,建康、秣陵、同夏三县入江宁"。

《南京文献》本中,此二书另有多处字误、断误、漏字者,兹不详列。

基于上述情况,并鉴于此二书在史料方面的重要性,我们将其重新点校,以期让读者对明都南京盛况和金陵城郭变迁,有一个基本的了解,并为南京地方史志研究提供较为可靠的参考资料。但舛误和不当之处,在所不免,敬祈方家学者教正为盼。

欧阳摩壹

洪武京城圖志序

聖人代天理物為億兆之君師定天下之大業宅

形勝之都邑不偶然也如堯舜禹都冀〔万湯居〕

商周都豐鎬洛邑漢唐關中有宋居汴是皆統〔鎬〕

一海內以安黎庶此可見天降聖人之造設默

宅之意焉欽惟

上上當元綱解紐之際會

上天更運之時應天順人特起中夏定都江左四

征弗庭勝兵西上陳虜殞滅揚旗姑蘇張氏面

傳入乃收詩中原以清掃腥膻於幽朔珍玄麼

明万历重刊本《洪武京城图志》书影

金陵古今圖考序

予家三世居南都雖歷覽京闕之勝莫考前

京尹以府志屬筆紳繹舊史博洽羣記縂互考索乃有

得焉因即所知復私創為圖凡十有六金陵在禹貢揚

州之域雲陽遯邐不能有徵考自越滅吳楚滅越始有

城邑作吳越楚地圖始皇無弁六國析置郡縣作秦秣

陵縣圖元符改郡增屬作漢丹陽郡圖孫權據有江東

作孫吳都建鄴圖琅瑘渡江丹興典午文物寖盛作東

晉都建康圖宋齊梁陳相繼立國作南朝都建康圖隋

明天启朱之蕃重刻本《金陵古图考》书影

总目录

南京文献精编

洪武京城图志

（明）礼 部 纂修

点校 欧阳摩壹

南京出版传媒集团
南京出版社

《洪武京城图志》序

　　圣人代天理物,为亿兆之君师,定天下之大业,宅形胜之都邑,不偶然也。如尧舜禹都冀,成汤居商,周都丰镐洛邑,汉唐关中,有宋居汴,是皆统一海内以安黎庶,此可见天降圣人,造设默定之意焉。钦惟皇上,当元纲解纽之际,会上天更运之时,应天顺人,特起中夏,定都江左,四征弗庭。胜兵西上,陈虏殒灭;扬旗姑苏,张氏面缚;大兵攻讨,中原以清;扫腥羶于幽朔,殄么麽于蜀都。群孽尽销,京畿已固,所谓大明当天而爝火熄也。伏惟皇上,神圣聪明,深谋远略,建泰山不拔之基,为万世无穷之计,详内略外,经营邑都,其龙蟠虎踞之势,长江卫护之雄,群山拱翼之严,此天地之所造设也。若乃紫微临金阙煌煌,黄道分玉街坦坦,城郭延袤,市衢有条。六卿居左,经纬以文;五府处西,镇静以武。如十庙以祀忠烈,十楼以待嘉宾,此皇上之所经制也。以此观之,京师天下之本,万邦辐辏,重译来庭,四海之所归依,万民之所取正,非远代七朝偏据一方之可侔也。皇上万几之暇,命工绘图,颁示天下。臣叨近侍之列,仰瞻天日之光,幸睹斯图,不胜感戴。一披而金陵形胜,了然心目之间,非若前代所都,徒有其名,而莫能考其实也。

呜呼,盛矣哉! 因拜手稽首,系之以诗曰:地辟天开,金陵大哉,帝居允谐;钟山巍巍,圣德光辉,奄有九围;大江滔滔,圣德深高,地载天包;钟山苍苍,大江洋洋,圣德隆昌;自西自东,朔南承风,车书混同;天命谆谆,圣子神孙,万万年春。愚臣拜手,圣皇万寿,天长地久。

洪武二十八年冬十有二月二十二日,承直郎詹事府丞臣杜泽谨序。

《洪武京城图志》记

　　天地定位，山川启奥区之秘；宅中考卜，河岳壮金汤之同。况乎神泽圣壤，其所蓄也深，则其待于今也大。圣人应期启运，故天发其藏，地辟其会，而体国经野之制，固有以轶丰镐而跨两京者矣。金陵控扼吴楚，天堑缭其西北，连山拱其东南，而龙蟠虎踞之势，昔人之言，盖不诬也。孙吴始创居之。六朝、南唐，虽代有其地，然而疆域之广，未极其盛者。意者天之所兆，有资于今日，以启一代王业之隆也欤！岁壬辰癸巳间，天厌元德，群雄并起。皇上龙兴淮甸，天戈南指，吴越首入版图，乃默与神谋，即定都于是。辨方正位，立洪基，造丕图，而郏鄏之鼎以定。山若增而高，水若增而深。回抱环合，献奇贡异，而荣光佳气，与斗牛星纪，并丽乎太微帝车之间，何其伟耶！树本既固，乃命将出师，披山东，下河南，拔潼关而守之。遂北摧幽燕，西临汾晋，入陕右，尽有秦陇之地。凡元之余烬，皆来请命于庭。故交广之墟，羌之聚，椎结卉裳之区，山梯海航，咸奉琛致贡，方轨毕至。而京师之壮，增饰崇丽，轮蹄交集，丝管喧竞，岁时士女，填郭隘郛。其宏盛气象，度越今古，岂区区偏方闰位之可媲拟哉！虽然皇上经营缔构，盖已极其盛矣，然而遐方远裔，未睹其胜，无

5

以知圣谟经纶之至，爰诏礼曹，命画者貌以为图，毫分缕析，街衢巷隧之列，桥道亭台之施，名贤祠屋之严邃，王侯第宅之华好，星陈棋布。地有显晦，而沿革不同；名有古今，而表著无异。凡所以大一统之规模者，可以一览而尽得之矣。图成，并锓诸梓，且摹之以遍示四方，使天下之人，足迹未尝一至者，皆得睹其胜概，亦若闻和銮之音、望属车之尘于钩陈豹尾间也。大矣哉！皇上之英谋伟略，何其深且至耶！臣俊华遭际明时，庀职春坊，谨拜手稽首而言曰：自古圣帝明王之有天下也，若夏殷之禅继，周汉之龙兴，唐宋之绍承，莫不奋自西北，徐起而有中土，然后始得而制东南耳。皇上不阶尺土，乃以吴越之疆，席卷中夏。冰天丹徼之域，雕题金齿、断发文身之属，莫不重译而至。嘉禾灵草，诸祥之物，史不绝书，天命之所系属如是。夫湛恩厚德，亘千万年，圣子神孙，承承继继，以保此无穷之基。览是图者，其尚有考于斯焉。

承务郎右春坊右赞善臣王俊华谨记。

皇都山川封城图考

　　《舆地志》云：钟山，古金陵山也。县邑之名，由此而立。《建康实录》云：楚威王筑城石头，置邑，以其地接华阳、金坛之陵，故号金陵。于天文，其星斗牛，其次星纪。秦始皇三十六年，以金陵为鄣郡，治故鄣。三十七年，东游还，过吴，从江乘渡，望气者言："五百年后，金陵有天子气。"因凿钟阜，断金陵长陇以通流，至今呼为秦淮，乃改金陵邑为秣陵县。诸葛亮所谓"钟山龙蟠，石城虎踞，真帝王之宅"。汉取三代旧制，置扬州，统丹阳郡，所领县邑，有今浙西、浙东二道，及浙东道之半。吴、晋、宋、齐、梁、陈，代加分割。隋立蒋州。唐以隶润州，又改昇州，管属始隘于旧。南唐建金陵府，县邑犹更属不常。宋初为江宁府，改建康府，始定有江宁、上元、句容、溧水、溧阳之地。东西二百三十五里，南北四百六十里。东抵镇江，东南抵常州，南抵宁国，西南抵太平，西抵和州，西北抵真州，以大江中流为界。本朝应运肇基，应天府实星纪斗牛之分，且与二统之正相协。自周以来数千年间，帝圣相承，以至于今，岂非历数耶？

目　录

皇城圖

北

太廟

社稷壇

西

東

南

京城圖北

宫　阙

殿

奉天殿

华盖殿

谨身殿

奉先殿

武英殿

文华殿

乾清宫

坤宁宫

柔仪殿

春和殿

文楼

武楼

文渊阁

东角门楼

西角门楼

门

奉天门

东角门

西角门

中左门

中右门

后左门

后右门

左顺门

右顺门

武英门

文华门

春和门

午门

左掖门

右掖门

左阙门

右阙门

社街门

庙街门

端门

承天门

庙左门

社右门

长安左门

长安右门

洪武门

东华门

东上南门

东上北门

东安门

西华门

西北门

西上南门

西上北门

西安门

玄武门

北上东门

北上西门

北安门

亲蚕之门

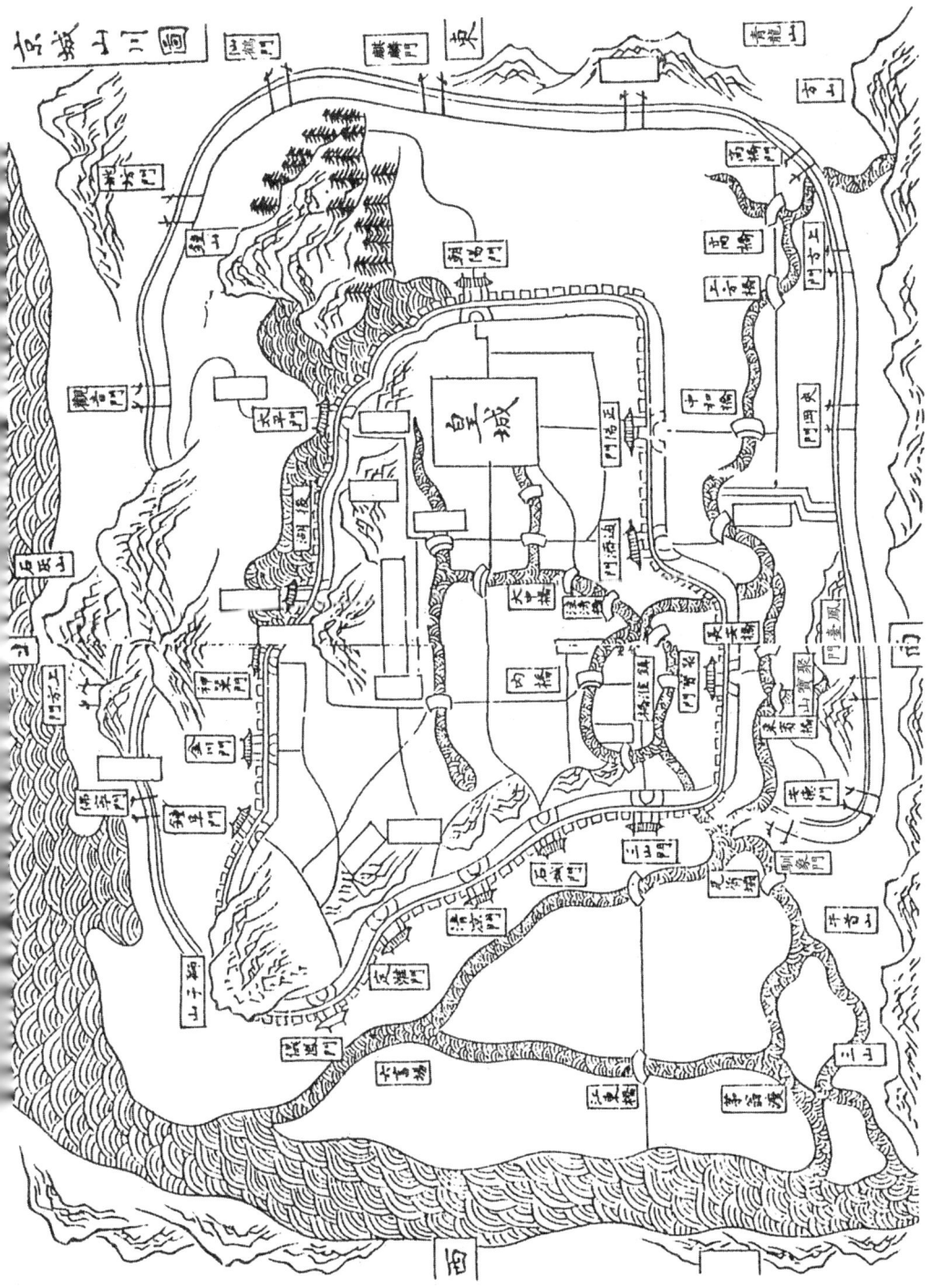

萩之三図

口萩

白王城

城　门

朝阳

正阳

通济

聚宝

三山

石城

清凉

定淮

仪凤

钟阜

金川

神策

太平

外城门

沧波

高桥

上方

夹冈

凤台

大驯象

小驯象

大安德

小安德

江东

佛宁

上元

观音

姚坊

仙鹤

麒麟

山 川

钟山

一名蒋山,在城东北。周回六十里,高一百五十八丈。东连青龙山,西接青溪,南有钟浦,下入秦淮,北接雉亭山。汉末,有秣陵尉蒋子文,逐盗死事于此。吴大帝为立庙,封曰蒋侯。大帝祖讳钟,因改曰蒋山。

石头山

按:《舆地志》:环七里一百步,缘大江,南抵秦淮。山上有城,因以为名。吴孙权修理,因改曰石头城。今城于其上,甓以砖石,雄壮险固,甚得控制之胜。

覆舟山

一名龙山,一名龙舟山,在今太平门内教场北。周回三里,高三十一丈。北临玄武湖,状若覆舟。宋武帝又改名玄武山。

鸡鸣山

旧名鸡笼山,在覆舟山西。周回十余里,高三十丈。状如鸡笼,因名。今改鸡鸣山。宋元嘉中,立儒馆于北郊,命雷次宗居之。今置国子学于山之左,又建浮图于上,以祠宝志。

石灰山

在城西北三十里。周回三十里,高十丈。晋元帝渡江,王导建幕府于此,旧名幕府山。上有虎跑泉、仙人台。

狮子山

在仪凤门北,与马鞍山接。周回十余里,高三十丈。又旧名卢龙。国朝以其形名之。

马鞍山

在清凉门,与石头城接,西临大江。高十五丈。以形似得之。

青龙山

在城东南二十余里。周回二十里,高九十丈。

方山

一名天印山,在城东南三十里。周回二十余里,高一百二十六丈。四面方正如城。秦始皇凿方山长陇为渎入江,曰秦淮。吴大帝尝为葛玄立观于此。

聚宝山

在聚宝门外,雨花台侧,上多细玛瑙石,因名聚宝山。金①置钦天回回监于此。

牛首山

旧名牛头山,状如牛头,因名。周回四十余里,高一百四十丈。一名天阙山。中有石窟,不测浅深,在西南二十里。刘宋南郊坛在焉。

三山

在城西南四十余里,旧三山矶。周回四里,三峰连出大江东岸,高二十余丈,吴津济道也。太白诗云"三山半落青天外"即是。

---

① 金:应为元。

川

大江

自京城西南来,经西北,东流入海。

秦淮

旧传秦始皇时,望气者言金陵有天子气,东游以厌当之,凿方山,断垄为渎入江,故曰秦淮。

玄武湖

亦名蒋陵湖、秣陵湖,在太平门外。周回四十里。晋元帝所浚,以习舟师。又名北湖。宋元嘉中,有黑龙见,因改玄武湖。有沟,西入于秦淮。

太子湖

一名西池,吴宣明太子所浚。晋明帝为太子修西池,多养武士于内,筑土为台,时人呼为太子西池。梁昭明植莲于此,在鸡鸣山北。

稳船湖

在佛宁门外,国朝新开。通江水,于此泊舟,以避风涛。

清溪

吴赤乌四年,凿东渠,石①清溪,通城北堑沟,以泄玄武湖水。旧有九曲,今上元县南,迤逦而西,循旧内府东南出,至府学墙下,皆清溪之旧曲。通秦淮。其竹桥、玄津、昇平、复成、淮清、柏川、鼎新、斗门、西虹、内桥、会同等桥,皆此水所通。

---

① 石:疑为名。

太平堤

在太平门外。国朝新筑,以备玄武湖水。其下曰贯城,以刑部、都察院、五军断事官在其西,皆执法之司。以天市垣有贯索星,故名焉。

玉涧

在蒋庙侧,缘山涧是。

东涧

在钟山,宋熙寺基之东。

竹篠港

在观音门外,去城三十余里。

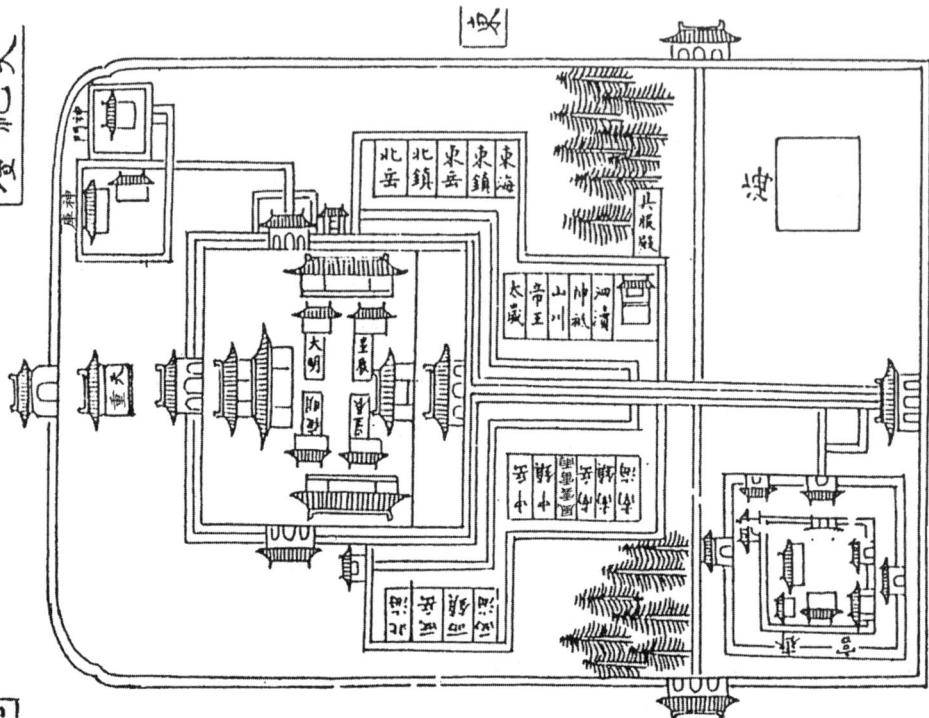

大祀殿圖

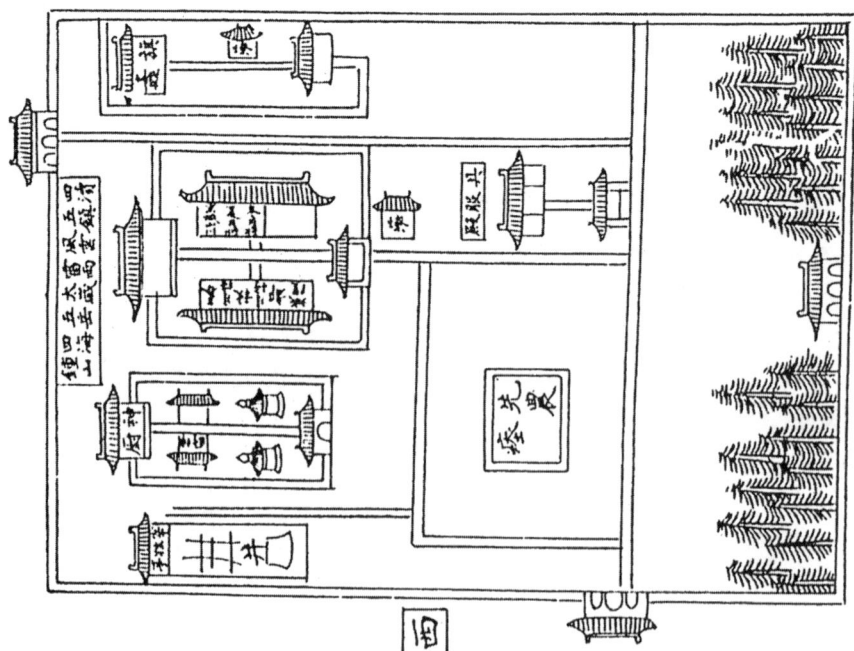

山川壇圖

坛　庙

天地坛

在正阳门外,山川坛东。按古以南北二郊分祭,扫地以行事。国初尝因之,风雨寒暑,屡致弗调。皇上断自宸衷,以王者父天母地,无异祭之理,乃以天地合坛而祭,配以仁祖淳皇帝。严以殿宇,左右列坛,以日月星辰、岳镇海渎、风云雷雨、山川太岁、历代帝王、天下神祇,及有城隍之神从祀。礼意极殷,定为万世之制。每岁率以正月中旬亲祀,至为简当。自此年谷顺成,祯祥叠见。

社稷坛

在端门之右。旧尝分祭,有乖礼意者多。皇上历考古制,互有不同,以为五土生五谷,所以养夫民者也。分而祭之,生物之意若无所施。于是合祭于一,春祈秋报,岁率二祀。

太庙

在端门之左。

龙江坛

国朝新建,在金川门外。凡行幸出师,亲王之国,则祀于此。

帝王庙

国朝新创。凡古之圣帝明王,下及历代开基创业之君,制治保邦之主,能遗法于后世者,皆于此祀之。庙在鸡鸣山阳。

城隍庙

南唐在城西北,元在大□街。国朝初,建斗门桥东,今在鸡鸣山南。

真武庙

宋太平兴国二年置,在清化寺东,今徙鸡鸣山南。

卞壶庙

即卞将军庙,旧在朝天宫西冶城。晋苏峻作乱,尚书令卞壶与其二子盱、眕死难,人谓忠孝萃于一门。南唐保大中,始建忠贞亭于其墓北。宋庆历改亭曰忠孝,胡铨作记。国朝建置鸡鸣山南。

蒋忠烈庙

旧在蒋山之西北。神蒋姓,名子文,汉秣陵尉,逐盗至钟山,为贼所伤,死而为神,甚有异迹在人。吴大帝为立庙,历代皆祀之。国朝建于鸡鸣山南。

刘越王庙

旧在上元县东,相传南唐刘仁瞻庙也。国朝建置鸡鸣山南。

曹武惠王庙

旧在聚宝门外。王讳彬,谥武惠,宋开宝中,统兵平江南,不杀一人,邦人感之,为立祠。国朝建置鸡鸣山。

元卫国公庙

公名福寿,元末为南台大夫。天兵下建康,死之,谥曰忠肃。国朝为立祠鸡鸣山南,春秋祀焉。

功臣庙

国朝建鸡鸣山南,凡本朝开国元勋,功在社稷、泽及生民者,则祀于此。

五显庙

今建在鸡鸣山。

关羽庙

旧在针工坊,宋庆元年间建,今徙鸡鸣山南。

徐将军庙

在狮子山。

晏公庙

在定淮门外。

无祀鬼神坛

在神策门外。

廟宇寺觀圖

寺　观

灵谷寺

梁之开善寺，唐改宝公院，南唐改为开善道场，宋改太平兴国寺。今名灵谷寺，徙钟山东南。

鸡鸣寺

在鸡鸣山。国朝新建，置宝公塔于寺后之山巅。

百福寺

在石灰山东。国朝所建。

善世寺

元龙翔寺，在会同桥北。今改善世寺，徙聚宝门外能仁寺东宋定林寺基。

天禧寺

即古长干寺。宋名天禧寺，在聚宝门外，有塔。今名因之。

能仁寺

旧在应天府学西，刘宋建，名报恩寺。南唐改为兴慈院，宋改为能仁寺。今因，徙聚宝门外善世寺西。

碧峰寺

在聚宝门外能仁寺北，国朝所建。

西天寺

在聚宝门外天禧寺东，国朝新建。

铁塔寺

在朝天宫后冈上。宋太始中建,号延祚寺。唐时建塔寺内。宋名寺曰正觉,塔曰普照。今有塔无寺。

朝天宫

在建安坊西。吴冶城,晋西州,宋总明观,杨行密建紫极宫,宋改天庆观,元改永寿宫,今名朝天宫。卞壶庙在其西,谢公墩在其北。

神乐观

在正阳门外大祀坛西。国朝新建,以居高道、为乐舞生者。凡祭祀,俾之□事。

卢龙观

国朝新建。

皇城圖

京

北

西

南

官　署

文职

宗人府

在承天门外御街东。

六部

吏部

在宗人府南。

户部

在吏部南。

礼部

在户部南。

兵部

在礼部南。

工部

在兵部南。

刑部

在太平门外。

都察院

在太平门外。

五城兵马司

中城

在今内桥北,六朝旧内门基。

东城

在工部东。

西城

在三山门外西关北街。

北城

在更鼓楼北。

南城

在聚宝门外。

上元县

宋在城东隅,今仍旧治。

江宁县

旧在聚宝门外西街越城之侧,今徙银作坊内,系旧府治。

行人司

在会同馆西北。

仪礼司

在长安街西南。

通政司

在长安左门外公生门南。

太常寺

在后军都督府南。

詹事府

在翰林院南。

应天府

在旧内西锦绣坊内,元御史大夫宅。

光禄寺

在内城西。

翰林院

在长安左门外公生门南。

大医院

在詹事府南。

钦天监

在太常寺西,其测候台在鸡鸣山。

钦天回回监

在聚宝门外,其测候台在聚宝山。

五军断事官

在太平门外。

僧录司

在天禧寺。

道录司

在朝天宫。

铸印局

在礼部门内南。

文思院

在大中街西。

营缮所

在柏川桥北。

宣课司

一在聚宝门外，一在龙江关。

都税司

在大中街。

巡检司

一在江东渡，一在龙江渡。

茶引所

在都税司东。

抽分场

一在瓦屑坝，一在龙江关。

教坊司

在行人司南。

武职

五军都督府

中军都督府

在承天门外御街西。

左军都督府

在中军都督府南。

右军都督府

在左军都督府南。

前军都督府

在右军都督府南。

后军都督府

在前军都督府南。

十二卫

锦衣卫

旗手卫

金吾前卫

金吾后卫

羽林左卫

羽林右卫

府军卫

府军左卫

府军右卫

府军前卫

府军后卫

虎贲左卫

在京各卫

神策卫

虎贲右卫

骁骑右卫

天策卫

豹韬卫

飞熊卫

鹰扬卫

广武卫

兴武卫

英武卫

龙骧卫

留守中卫

留守左卫

留守右卫

留守前卫

留守后卫

沈阳左卫

沈阳右卫

龙江左卫

龙江右卫

水军左卫

水军右卫

广洋卫

龙虎卫

镇南卫

江阴卫

应天卫

和阳卫

武德卫

横海卫

教场在覆舟山南,即晋成帝北郊坛基。文武官朝房,在长安街左右门外南北街。

武學圖

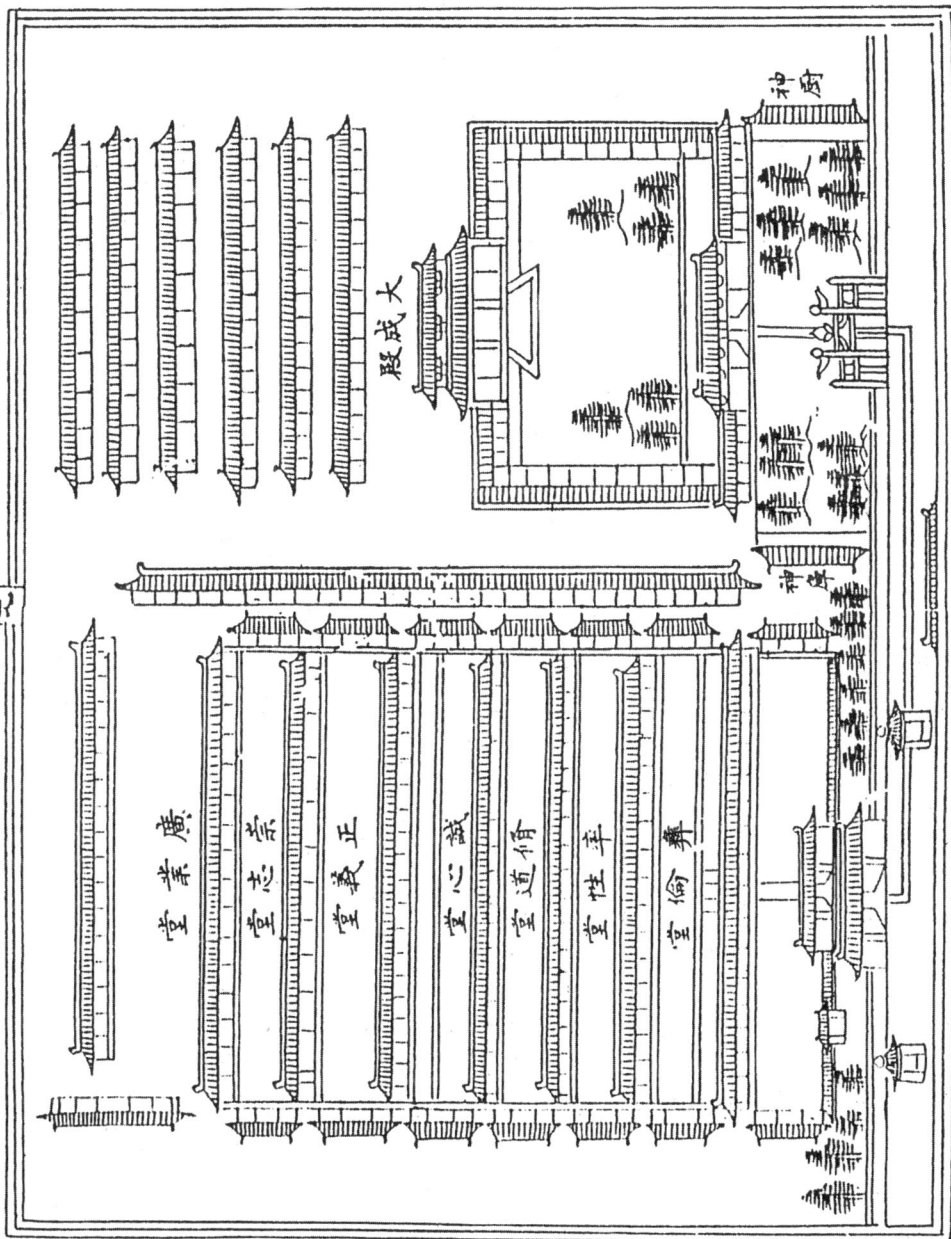

武學圖

大成殿

肉宗

射圃

號舍

正義堂

崇志堂

廣業堂

循理堂

誠心堂

修道堂

東

西

南

北

仓库司局

銮驾库

在长安左门外。

军储仓

在鼓楼西马鞍山下,及各卫营。

黄册库

在玄武湖洲上。

火药局

在淮清桥街北,旧马公洞基。

宝源局

(原阙)

街市橋梁圖

安

江

内

韓橋
武橋
高橋
北口橋
上方門
金吾門
三橋門
東關橋
大平橋
太平門
大陽門
竹橋
文津橋
須滅橋
天寺橋
淮清橋
常安街
大通街
大通街
崇禮街
宗清街
清涼門
虎賁街
存義街
時雍街
中正街
致和坊
武定橋
致和坊
神策門
金川門
儀鳳門
廣義街
鎮淮橋
内橋
鎮淮橋
二坊
三山街
大市橋
内橋
八府塘
升平橋
大市街
習賢街
東關橋
新橋
大士街
宏濟坊
建安坊
太平橋
三山街
新橋
三山橋
天慶坊
全街坊
武定橋
下浮橋
下浮橋
聚寶門
朝天宮
報恩寺
通濟門
聚寶門
石城門
三山門
瓦屑壩
柳葉街
上江考棚
秦淮河
江東門
賽工橋
毛公渡

桥 梁

大中桥

即古之白下桥也，在通济门里。今名大中桥。

淮清桥

在大中桥西南一里淮水。旧名东水闸，今名淮清桥。

镇淮桥

在聚宝门里，吴时玄津桥也。名曰朱雀航，今名镇淮。

新桥

今在杂役一坊骁骑卫口。本名万岁桥，又改名饮虹桥。新桥乃吴时所名，至今俗呼为新桥，袭其旧也。

内桥

旧名天津桥，又名虹桥，即六朝旧内门也，在宋行宫前。今名内桥，在中城兵马指挥司西南。

太平桥

在鼎新桥东，与建安坊相对。旧名钦化，又呼笪桥。古传茅山笪宗师所建。宋改太平桥，今因名之。

鼎新桥

在太平桥西。旧名小新桥，宋改鼎新，今因名焉。

大市桥

在中城兵马司西。旧名西虹桥，今名大市桥。

会同桥

在大市桥南。旧名闪驾桥,宋名景定桥,今名会同桥,跨运渎水。

昇平桥

旧名东虹桥,在上元县西。今名昇平桥。

乾道南北二桥

在今斗门桥北。二桥相望,即古运渎水道。今仍旧名。

高桥

在通济门外。吴皋伯通所建,因名其桥曰皋。后人转皋为高,今因之。

斗门桥

今在三山街,近三山门,即运渎水闸。今仍旧名。

崇道桥

在朝天宫东,今仍旧名。

大通桥

在今长安西门外,金水河所出。

通济桥

在通济门外,即古运渎、秦淮水也。今仍旧名。

武定桥

在今织锦三坊内,今仍旧名。

中和桥

在正阳门外。

江东桥

在今江东门外。

来宾桥

在今聚宝门外。

善世桥

在今聚宝门外,来宾街西南。

珍珠桥

(上阙)珍珠,因名焉。

韩桥

在观音门外,去城东北三十里。

重译桥

在聚宝门外东重译街,即古乌衣巷朱雀桥也。今名重译。

上浮桥

在新桥西。

下浮桥

在上浮桥西北。

长安桥

在聚宝门外,古长干桥。五代杨溥城金陵,凿濠引秦淮绕城。今名长安桥。

玄津桥

在复成桥北。

竹桥

跨清溪水上,在(下阙)对柏川桥,北通太平门。

柏川桥

在通济街。

复成桥

在玄津桥南。既坏而复成之,因以名焉。

北门桥

在洪武街旧北门口。

高桥

在上方桥东南。

上方桥

在中和桥东南。

毛翁渡

在聚宝门外,瓦屑坝南。晋顾荣与陈敏战于此处,荣以白毛羽扇麾军,因名麾扇渡,后讹称毛翁渡。今名因之。

江东渡

在江东门外。旧名平家圩渡,今名江东渡。

瓦屑坝

旧毛翁渡。

街 市

长安街

在皇城西长安门外,即旧白下桥东。

大通街

在大中桥东,南接通济门,北通竹桥。

里仁街

在大中桥西。宋程明道、张南轩书院故基,今名里仁街。

存义街

在里仁街西,宋上元县学故基。

时雍街

在存义街西。

和宁街

在时雍街西。

中正街

在和宁街西。

广艺街

在上元县西。旧名细柳坊,一名武胜坊。

敦化坊

在中城兵马司西,六朝内城基。其西元建龙翔寺,今天界寺故基。

裕民坊

在太平门北街,旧真武庙街。

建安坊

在鼎新桥北街,俗呼下街。

善政坊

在大中桥西,旧名九曲坊。

务公街

在善政坊西,旧名清溪坊。

致和街

在务公街西,旧清平桥街。

大市街

在中城兵马司,故天界寺门外。旧名夹道街。

全节坊

在朝天宫西,旧名忠孝坊,晋卞壸死节处。今名全节坊。

织锦一坊

在聚宝门内,旧桐树湾街。

织锦二坊

在镇淮桥北,旧国子监街。

织锦三坊

在织锦二坊北,旧关王庙巷。

大中街

在针工坊北,旧状元坊。

杂役一坊

在聚宝门内,镇淮桥南沙河街。

杂役二坊

在镇淮桥北,旧竹街。

杂役三坊

在杂役二坊北,旧建业坊。

鞍辔坊

在杂役三坊北。

银作坊

在鞍辔坊北,旧金陵坊。

铁作坊

在弓匠坊东,旧小木头街。

弓匠坊

在铁作坊西,旧罼①子巷。

毡匠坊

在弓匠坊西,旧水道巷。

习艺东街

在习艺西街东。

习艺西街

在皮作坊东,旧土街。

皮作坊

在习艺坊西,旧评事街。

洪武街

在北门桥东。

---

① 罼:疑为举。

英灵坊

在十庙西。

成贤街

在国学前。

太平街

在太平门南。

大市

在大市街。旧天界寺门外，物货所聚。

大中街市

在大中桥西。

三山街市

在三山门内，斗门桥左右，时果所聚。

新桥市

在新桥南北，鱼菜所聚。

来宾街市

在聚宝门外，竹木柴薪等物所聚。

龙江市

在金川门外，柴炭等物所聚。

江东市

在江东门外，多聚客商船只、米麦货物。

北门桥市

在洪武门街口，多卖鸡鹅鱼菜等物。

长安市

在大中桥东。

内桥市

在旧内府西,聚卖羊只牲口。

六畜场

在江东门外,买卖马牛驴骡猪羊鸡□等畜。

上中下塌坊

在清凉门外,屯卖段匹布帛茶盐纸□等货。

草鞋夹

在仪凤门外江边,屯集筏木。

樓館圖

楼　馆

会同馆

在长安街西,四方进贡使客所居。

乌蛮驿

在会同馆西,以待四夷进贡使人。

龙江驿

在金川门外大江边。

江东驿

在江东门外大江边。

客店

一在长安街口,一在竹桥北,一在通济街西,一在江东门内南北街,以待四方客旅。

鼓楼

在今北城兵马司东南,俗名为黄泥冈。

钟楼

在鼓楼西。

酒楼

江东楼

在江东门西,对江东渡。

鹤鸣楼

在三山门外西关中街北。

醉仙楼

在三山门外西关中街南。

集贤楼

在瓦屑坝西乐民楼南。

乐民楼

在集贤楼北。

南市楼

在三山街皮作坊西。

北市楼

在南乾道桥东。

轻烟楼

在江东门内西关南街,与淡粉楼相对。

翠柳楼

在江东门内西关北街,与梅妍楼相对。

梅妍楼

在江东门内西关北街,与翠柳楼相对。

淡粉楼

在江东门内西关南街,与轻烟楼相对。

讴歌楼

在石城门外,与鼓腹楼并。

鼓腹楼

在石城门外,与讴歌楼并。

来宾楼

在聚宝门外来宾街,与重译楼相对。

重译楼

在聚宝门外,与来宾楼相对。

叫佛楼

在三山街北,即陈朝进奏院故址。宋改报恩光孝观。今即其地,为叫佛楼。

骆驼亭

在灵谷寺西南。

邮铺

一在通政司,一在鼓楼,一在应天府,一在安德门外,一在太平门外。

养济院

在金川门外。

富乐院

一在武定桥东南,旧鹿苑寺基;一在聚宝门外东街。

构栏

一在武定桥东,一在会同桥南。

厩 牧

牧马千户所

在朝阳门外。

驯象千户所

在正阳门外。

养虎房

在聚宝门外。

猪羊六畜圈

一在江东渡口,一在龙江渡口。

园　圃

　　国家递年海运粮储,及堤①防沿海倭寇,其成造船只,所用桐油棕缆,皆出于民,为费甚重。皇上矜恤民力,乃经营布置,于朝阳门外蒋山之阳,建立园圃,广植棕桐漆树各数千万株,所以备国家之用,而省民供也。

漆园

在桐园北。

桐园

在漆园南。

棕园

在桐园东。

---

　　①　堤:应为提。

跋

　　右《洪武京城图志》一帙，洪武中之所修也。其于城郭宫室、郊庙坛、街衢楼馆、山川桥道详矣。盖我太祖高皇帝敕礼部为之，以观示天下，欲使四海之内，遐陬荒服，得而观之，咸知神京天府之雄，龙蟠虎踞之胜，而有以识紫盖黄旗之运之有，在于今日，彼区区六朝者，诚不足以应之也。始鸿儒官南都，好访求高皇帝定天下时神功圣德，及当时谋臣战将，效奇戮力、论议攻取之详。而故老凋零，无所于质，后生小子，习闻俚谈，亦往往失实而不足稽据。独时时从东南士大夫游，间得一二，而常遗八九，殊可恨也。弘治壬子，于杭人陈有功处，忽得此书，虽未足以满平生之怀，而金陵名胜之迹，大抵得之矣，岂非亦一快幸也哉！江宁县知县朱宗，博雅而好古者也，见而悦之，曰："此正宗所愿见而不可得者，庸讵知海内之人有不同此心者乎？请寿诸梓，以广其传，或他日学士大夫有欲赋南都之盛者，亦当有考于此。"鸿儒喜其用心之公而陈义之高也，因恭题其后，以纪重刊之岁月云。时冬十月四日，承直郎南京户部主事臣王鸿儒谨书。

题《洪武京城图志》后

归有光

右《京城图志》一卷,洪武间奉敕纂修,故乡贡进士吴中英家藏。辛卯之岁,某赴试京闱,中英以见示,今二十有九年矣。偶阅元御史台所纂《金陵志》,念今市朝改易,无复六朝江左之旧,因从吴氏再借此本观之,信分裂偏安之迹,与混一全盛之规模,迥别如此。自永乐移鼎,儒臣附会,以为高皇帝无再世之计也。尝伏读御制《阅江楼记》云:自禹之后,四方之形势,有过中原而不都,盖天地生人,气运循环而未周。朕当天地循环之初气,创基于此,非古之金陵,亦非六朝之建业也。道里之均,万邦之贡,顺水而趋,公私不乏,利亦久矣。夫帝王所为,与天地应。高皇帝之论,盖度越千古,直有所谓配皇天毖祀上下自时中乂之意。愚生自谓独能窃知之,与时俗所论建都者不同,因特著于此。(《归太仆集》)

《洪武京城图志》

朱绪曾

此明洪武初应天府《京城图志》也。首有承务郎右春坊右赞善王俊华记，次为皇都，及叙楚威王、秦始皇、吴、晋、宋、齐、梁、陈、隋、唐、南唐、宋沿革。目录分宫阙、城门、山川、坛庙、官署、学校、寺观、桥梁、街市、楼馆、仓库、厩牧、园圃十三门。其图有曰《京城山川图》《大祀坛·山川坛》《庙宇寺观图》《官署图》《国学图》《街市桥梁图》《楼馆图》。其文简括，明初建国规模，了然在目。镂刻精工，字仿赵松雪体。共六十叶，每半叶十行，满行十九字，篇幅宽阔，字大悦目。其《楼馆图》，在城内者，南市、北市；在城北、在聚宝门外者，来宾、重译；在清凉、石城、三山门外者，曰鼓腹、讴歌、鹤鸣、醉仙、集贤、乐民、梅妍、翠柳、轻烟、淡粉，共十四楼。与陈鲁南《金陵世纪》合。晏铎《春夕诗》："花月春风十四楼。"杨升庵《艺林伐山》，数楼名有清江、石城，而遗南市、北市。胡元瑞谓金陵有十六楼。今按此图，清凉门外即鼓腹楼，石城门外即讴歌楼，且诸楼皆别立名，何独以石城、清凉二门名其楼？似为不伦。然则十四楼，宜以南市、北市为正，至李泰《十六楼诗》，亦有清凉、石城，或此二楼后建,故《世纪》^①亦不数之也。若骆驼亭在灵谷寺西南,则为灵谷寺志者所未知矣。姚世昌谓汤文振广为帝里书,更不可得见。此图志是明初印本,古香触手,与宋元佳刻无异。(《开有益斋读书志》)

---

① 即明陈沂（字鲁南）《金陵世纪》。

跋

　　《洪武京城图志》一册,明洪武时礼部奉敕所撰,凡目十三,图六①,明初南都规模约具于是。明祖定鼎金陵,虽上承六朝、南唐之绪,然规恢宏伟,远非前代所可同日而语。北拓仪凤门,西包乌龙潭,固已迥轶杨李;其外罗城周回可二百余里,包钟山、孝陵其中,往迹具在,可以覆按,宇内之所未有也。成贤街之国学,养士达万人。钟山之阳,建漆园、桐园、棕园,广植各树,晚近兴学造林,咸不出其遗址,是则太祖之闳识,尤不可及矣。是书具载楼馆、街市、坛庙、官署所在,不惟治史者得以掌索明都,即今日经营建设,亦宜研阅,以识前人之伟大,而知所自力,不必病其鑿于政体也。唯是书所志,仅具梗概,世有好学深思之士,为之句稽故籍,详加注释,则徐星伯《两京城坊考》不得专美于前矣。此本为八千卷楼旧藏明弘治中王鸿儒翻雕本,述之朱氏,盛称洪武本顾在明时即已罕觏,则兹翻刊亦可珍也。《归震川集》《开有益斋读书志》《善本书室藏书志》均有跋,用附卷末,以备览观。戊辰冬十有二月镇江柳诒徵。

---

　　①　图实为八幅。

南京文献精编

金陵古今图考

（明）陈沂 撰

点校 欧阳摩壹

南京出版传媒集团
南京出版社

目　录

《金陵古今图考》序

　　予家三世居南都，虽历览京阙之胜，莫考前代。乙亥岁，京尹以府志属笔，细绎旧史，博洽群记，参互考索，乃有得焉。因即所知，复私创为图，凡十有六。金陵在禹贡扬州之域，云阳邈邈，不能有征。考自越灭吴，楚灭越，始有城邑，作《吴越楚地图》；始皇兼并六国，析置郡县，作《秦秣陵县图》；元符①改郡增属，作《汉丹杨郡图》②；孙权据有江东，作《孙吴都建邺图》；琅琊渡江再兴，典午文物浸盛，作《东晋都建康图》；宋、齐、梁、陈，相继立国，作《南朝都建康图》；隋屠灭国都，改易州邑，作《隋蒋州图》；唐数变置，至季世始定，作《唐昇州图》；杨徐窃据，李氏遂有江南，作《南唐江宁府图》；宋并天下，为昇国，建炎南渡，改置留都，作《宋建康府图》；蒙古入据，开省置路，作《元集庆路图》。圣祖肇造区夏，定鼎应天，大我都邑，功德维新，作《国朝都城图》；应天领县，括有南北，作《府境方括图》；山形左盘右踞，古称帝宅，作《境内诸山图》；水经代有分合，支脉靡定，

----

① 此处年号应为元封。
② 见于史传者，或为丹杨，或为丹阳，一般称丹阳。

作《境内诸水图》;城郭规制,随世异态,不复可辨,作《历代互见图》。因图附考,以备观览。若夫本朝之详,则有《京城图志》在焉。正德丙子春正月望鄞陈沂书。

吴越楚地图

平陵縣

青龍山 固城

鐘山

天印山

覆舟山

越長干城

鷄龍山

吳冶城

楚金陵邑

石頭

龍山

大江

固

吴越楚地图考

金陵在春秋时,本吴地,未有城邑,惟石头东有(冶城)。传云:夫差冶铸于此,即今朝天宫地。去府东南一百二十里,当溧水、溧阳之间,有(固城),云古(濑渚县),亦吴所筑。周景王四年,楚灵王败吴军,陷固城,吴移濑渚于溧阳南十里,周回七里,为(陵平县)。又败于楚,更名(平陵县)。后阖闾将伍员破楚,烧固城,遂废。元王四年,越勾践用范蠡谋灭吴,将图楚,称伯江淮,乃筑(城)于金陵长干里,以疆威势。城周二里八十步,在今聚宝门外长干里,俗呼越台即其址。金陵有城邑,自此始也。显王三十六年,楚威王灭越,尽有吴故地。乃擅江海之利,因山立号,置(金陵邑)于石头。后之石头城据此。今石城门北冈垄削绝,皆城故区。

秦秣陵縣圖

石頭　山龍雞　山舟復　鍾山　青龍山

江乘縣　蘆龍山　大江　越城　林陵　天印山

聚寶山

秦秣陵县图考

秦始皇二十五年，灭楚，并天下，分三十六郡，置守、尉、监。以金陵地属（鄣郡），改金陵邑为（秣陵县）。三十七年，东游会稽，过吴，从江乘浦渡，置（江乘县），皆统于鄣。又以望气者之言，凿钟阜，断长陇，以泄王气。水自方山西北，巨流环绕，至石头，达于江，后人名曰秦淮。考之鄣郡，不详治所，志云在石头城地，史载吴兴郡西。金陵本吴兴西境也。秣陵，云在城东南六十里秣陵浦处，今秣陵镇即其地。江乘，按《建康志》云，在城西北十七里。《南徐州记》云：在县西二里，有浦，发源于石头，东入大江，因以为名。又按，吴徐盛作疑城，自石头至江乘，当在石头之东北，幕府之西南也。《建康志》图载江乘于琅邪东，恐非。

漢丹陽郡圖

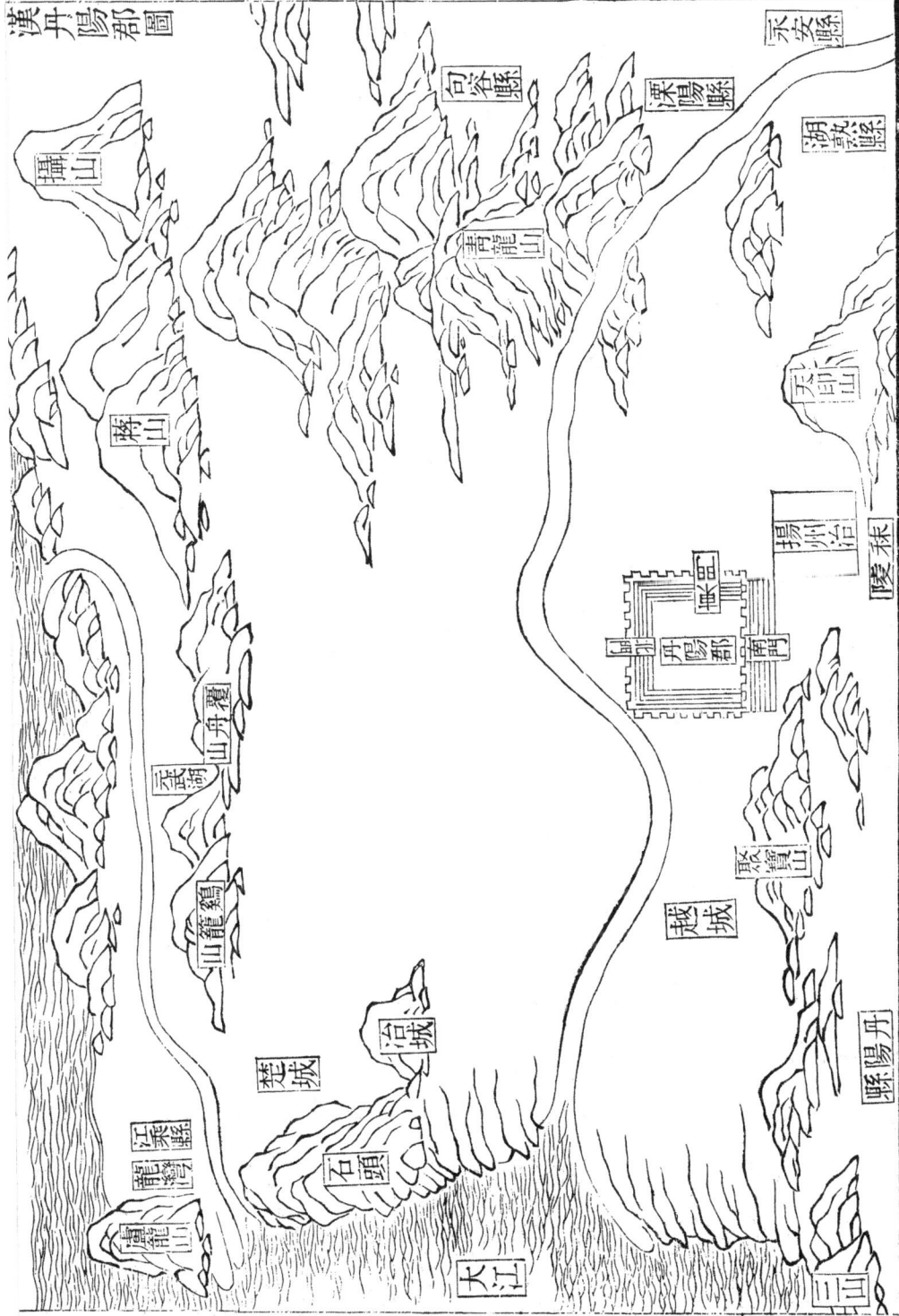

涇山

句容縣

溧陽縣

宗安縣

湖熟縣

青龍山

蔣山

天印山

覆舟山

武湖

蟠龍山

揚州治

秣陵

丹陽郡 北門 南門

陵秣

聚寶山

鍾龍山

越城

冶城

楚城

溧陽縣丹

石頭

江乘縣

蟠龍山

大江

山

汉丹阳郡图考

汉灭秦，以江南地封楚王韩信、荆王刘贾、吴王刘濞，皆大国。元符二年[①]，改（鄣郡）为（丹阳郡），属扬州，统县十七，秣陵、湖熟、永平、江乘、句容、溧阳隶焉，皆鄣郡旧地。东汉移郡治宛陵。至建安十三年，孙权领丹阳郡，自宛陵还治秣陵，改秣陵为（建邺郡），在淮水之南。按《吴苑记》[②]，去长乐桥东一里，南临大路。长乐桥，今武定桥。东南有长乐巷，盖自东城角之内外皆是。郡治城周一顷，开东、南、北三门。汉（扬州）无定治，或治寿春，或治曲阿，或治历阳；治建邺为多，亦在淮水之南，去丹阳城东南二里。建邺，即秣陵旧治。湖熟，在今东南六十里淮水之北，有湖熟镇。永平，在今溧阳南十五里。溧阳，在今溧水之固城。江乘，仍秦之治。句容，即今治也。

---

① 应为元封二年。
② 据《景定建康志》，此书应为《宫苑记》。

孫吳都建業圖

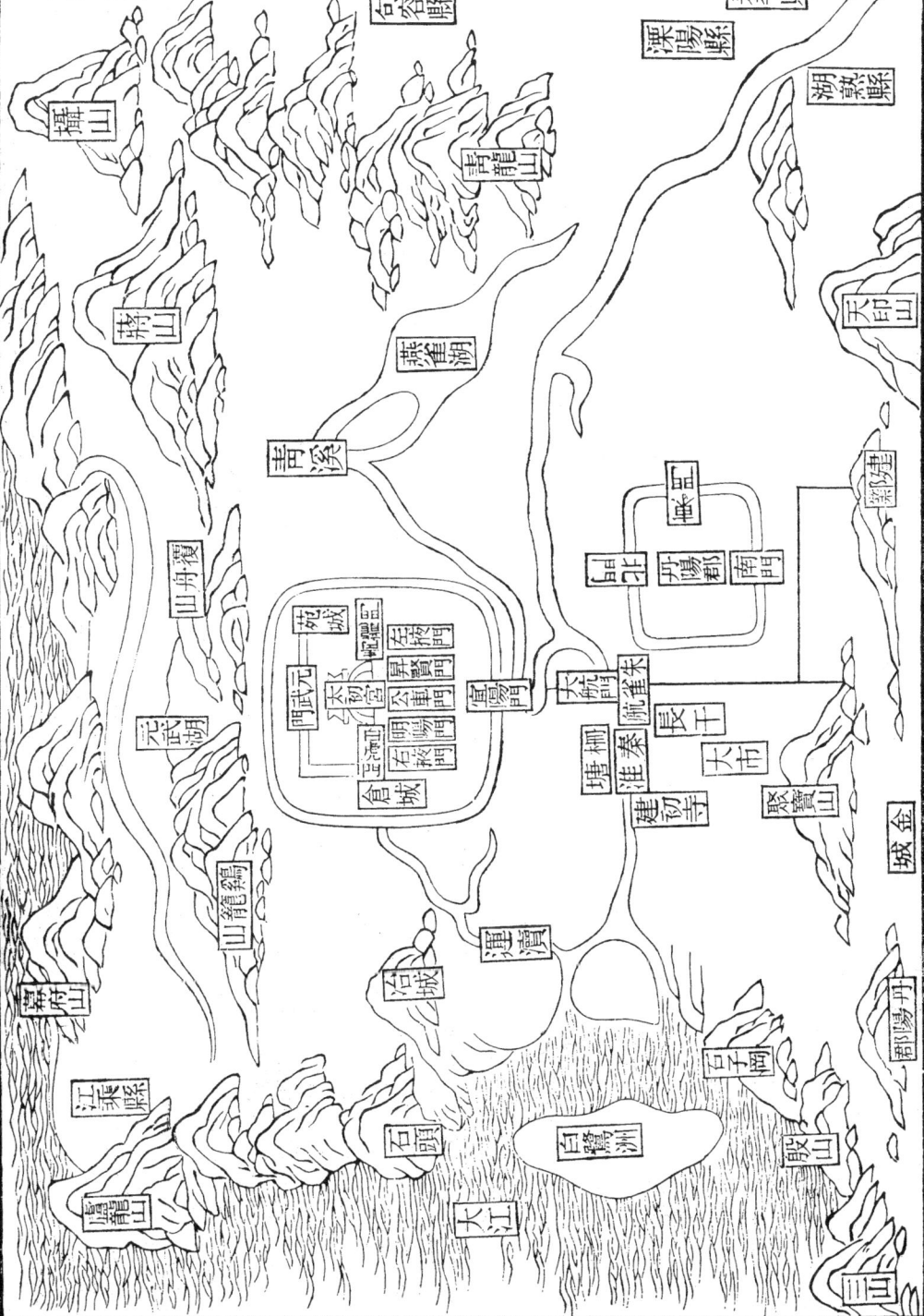

句容縣　溧陽縣　永平縣　湖熟縣

攝山　青龍山　天印山

蔣山

燕雀湖

青溪

覆舟山

建康　丹陽郡南門　北　丹陽郡

苑城　宣陽門　天航門　朱雀航

玄武湖

宮城　倉城

明陽門　左碩門　昇賢門　右碩門　大初宮　建初寺　塘柵淮

柵塘　長干　大市　鍾山

金城

蔣龍山

幕府山　運瀆　冶城

江乘縣

盧龍山　石頭　白鷺洲　子岡　殷山　丹陽郡

大江

孙吴都建邺图考

初，东汉末，以（秣陵）地封孙策，为吴侯。至弟权，据有江东，筑石头，改秣陵为（建邺）。建安十三年，移（丹阳郡）治建邺。黄龙元年，遂徙为都。都城在淮水北五里，据覆舟山下，东环平冈以为安，西城石头以为重，后带玄武湖以为险，前拥秦淮以为阻。周回二十里十九步，详见后考。赤乌十年，作太初宫，周回五百丈，作八门。前五门曰公车、曰昇贤、曰明阳、曰左掖、曰右掖，东一门曰苍龙，西一门曰白虎，后一门曰玄武。都城之正门曰宣阳。又南五里至淮水，有大航门。时都城皆设篱，曰（古篱门）。宫之后有苑城，晋所谓（台城）即此，今西十八卫以南、玄津桥大街以北皆是。赤乌四年，东凿渠，名（青溪），自城北堑，泄玄武湖水，九曲西南入秦淮。西凿（运渎），水自仓城东入今内桥，与青溪合，南由今乾道桥至斗门桥，达于秦淮。又夹淮立栅，谓之（栅塘）。金陵建都，自吴以始。

東晉都建康圖

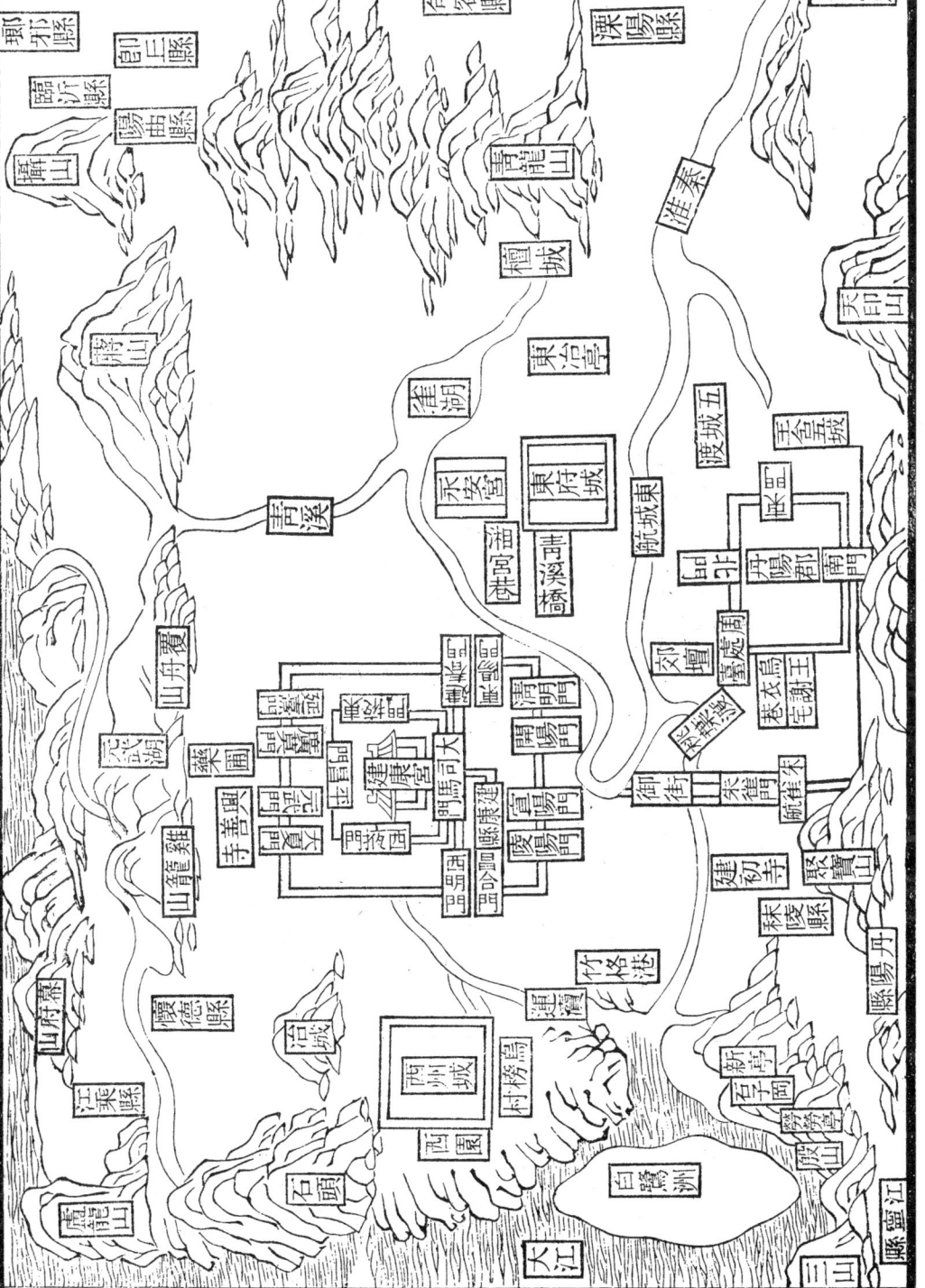

郎邪縣　句容縣　溧陽縣　永世縣　湖熟縣

卽丘縣　臨沂縣　陽曲縣

蘭山　瑯山　青龍山

檀城　淮水

天印山

東冶亭

雀湖

青溪　永安宮　東府城　渡城五

東航城　甲卒

青溪橋　丹陽郡　南門

夏舟山　淀湖　藥圃　甲庫南　壇墠　臺庵南　巷謝王衣烏　宋舊館稽宋

青善賢寺　完臺門　宣武門　開陽門　建康宮　大司馬門　建康縣　宣陽門　御街　鉤建門　記　綵縹渡

西明門　西昌門　冶城合縣　陽陵門　建初寺　聚寶山

龜雉山　霊寶山

府山　懷德縣　建陵縣　秣陵縣　新亭　溧陽縣　丹

江乘縣

汾城　白鷺洲　勞勞亭　慈山

石頭　西園　西州城　村務局　運瀆　竹格港

青龍山　石頭

大江　三山縣

东晋都建康图考

晋武帝平吴，徙扬州治建业，在冶城之东。丹阳郡仍旧治，统县永世、江乘、湖熟、丹阳、句容、溧阳。改建邺仍为秣陵，后又徙秣陵于宫城南八里一百步小长干巷内。分淮水北之地，复置建邺，治在宣阳门内。以丹阳西置江宁。元帝渡江，避愍帝讳，改建业为建康，遂为都，号东晋。以宰相领扬州牧，筑城于青溪东南，临淮水上，名东府城，别旧治为西州城，以丹阳守为尹。于江乘南置琅邪郡，领临沂、即丘、阳都、怀德四县，以处从帝之渡江者。琅邪在今句容之琅邪乡，临沂在今上元之长宁乡，即丘、阳都在临沂之境，怀德在今上元之钟山乡。又侨置淮南、魏、广川、高阳、堂邑、南东海、南东平、南兰陵八郡，并寄京邑。宫城仍吴之旧。成帝作新宫，缮苑城，修六门。宫城正南曰大司马门，北昌平门[①]，东、西二门曰东掖、西掖。大司马门与都城宣阳门对。又南出至淮水，上置朱雀门，即吴之大航门也。都城十二门，南北各四，东西各二，详见于图。淮水上设浮航二十有四。朱雀航，即朱雀门处，在今镇淮桥东，后移至桥处，盖据淮为阻，有事撤航为备，即吴栅塘之意也。成帝时，徙建康县于御街西。

---

① 此门应为平昌门。

南朝都建康圖

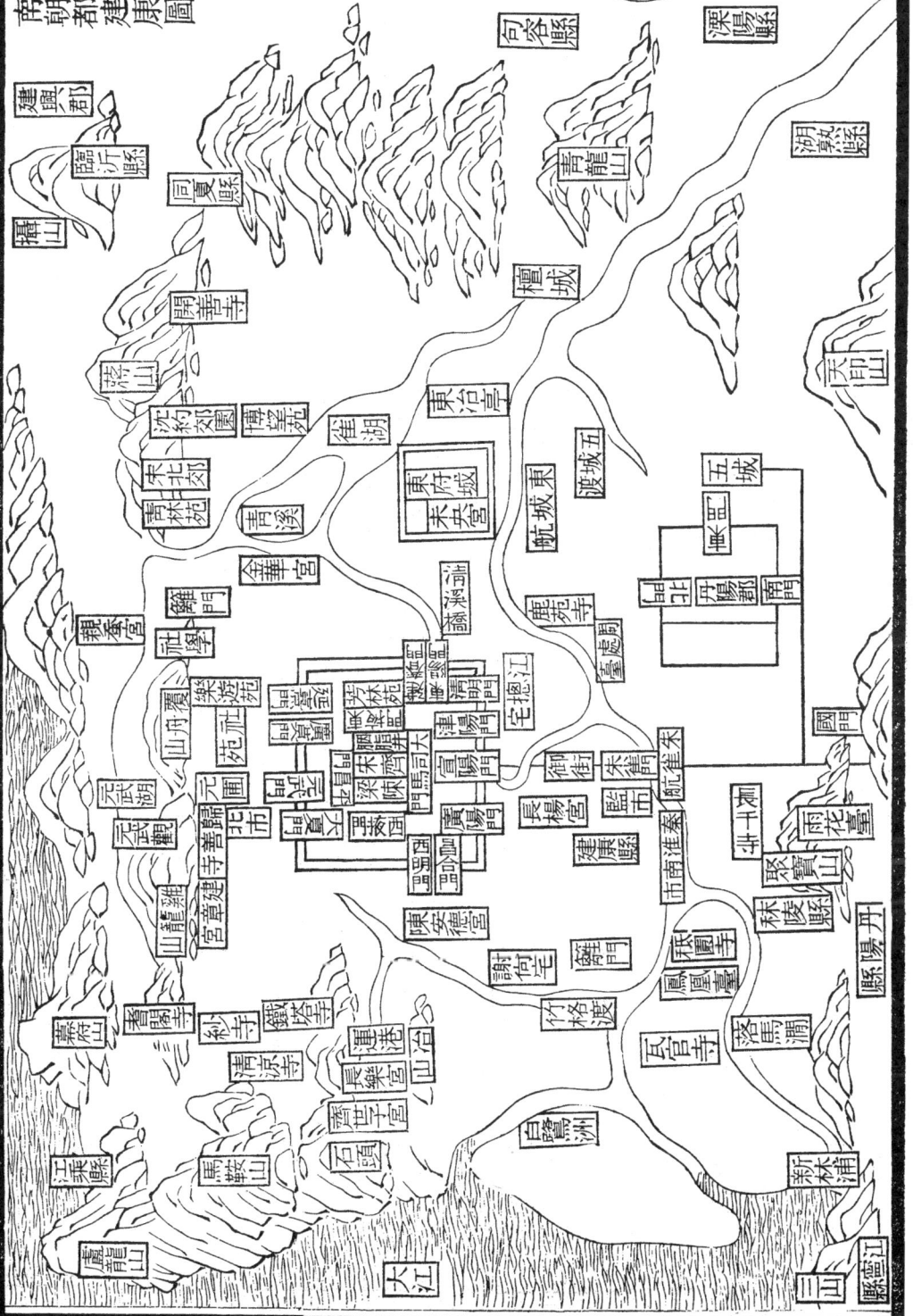

句容縣　溧陽縣

建康郡　臨沂縣　湖熟縣

攝山　同夏縣　青龍山　檀城

開善寺　天印山

蔣山　沈約郊園　博望苑　佳湖　東冶亭

宋北苑　青林苑　青溪　東府城　未央宮　航城東　城東渡五　五城

北門　丹陽郡　南門　軍田

華林園　金華宮　清溪橋　鹿苑寺

親蠶宮　鱗門　北學　臺城馬　慶處臺　國門

天武湖　玄武觀　山龍雞籠　建草堂寺歸善寺

元圃　北市　覆舟山　樂游苑　純沙

大司馬門　富陽門　廣陽門　清明門　津陽門　宅揚江　御街　朱雀航

西明門　西州　建康縣　秦淮南市　長千里　兩花臺　聚寶山寶縣

陳安德宮　謝荷宅　雞門　秣陵縣丹陽縣

世子宮　石頭　長樂宮　連港　冶山　鐵塔　紗寺　清涼寺　青閣寺

禾圃寺　鳳凰臺　民宮寺　馬洛澗

幕府山　馬鞍山　江乘縣　盧龍山　石頭　竹格渡　白鷺洲

新林浦　三山縣蠡江

大江

南朝都建康图考

东晋既亡,宋、齐、梁、陈相继为据,宫城、都城皆仍于晋,号京辇神皋。初,刘裕逼晋主宫于秣陵县,后乃自即晋宫。元嘉二年,于台城东西开万春、千秋二门。都城十二门,南面次西曰宣阳,次东改开阳曰津阳,最东曰清明,最西改陵阳曰广阳;北面次西曰玄武,次东曰广莫,最西曰大夏,最东曰延熹;正东面曰建春,次南曰东阳;正西面曰西明,次南曰阊阖。宣阳为正门,与宫大司马门直对;津阳与宫南掖对;建春、西明二门,达于宫前之直街者。宋于朱雀门之南,度淮五里,又立国门,在长干东南,以示观望。齐皆因之。梁置石阙于端门外,改朱雀门稍西,在今镇淮桥北。侯景攻台城,烧大司马门。陈复营治,改宫万春门为云龙,改千秋门为神武,改都城广莫门为北捷。扬州治、丹阳郡治皆仍旧。宋省怀德、即丘、阳都三县,尽入临沂;省永平县,入溧阳。梁武生于秣陵同夏里,因以其地置同夏县,在今上元之长乐乡。陈以琅邪三郡地,置建兴郡,领建安、同夏、乌山、江乘、临沂、湖熟六县。丹阳、江宁、建康、秣陵、句容、溧阳,仍隶丹阳郡。

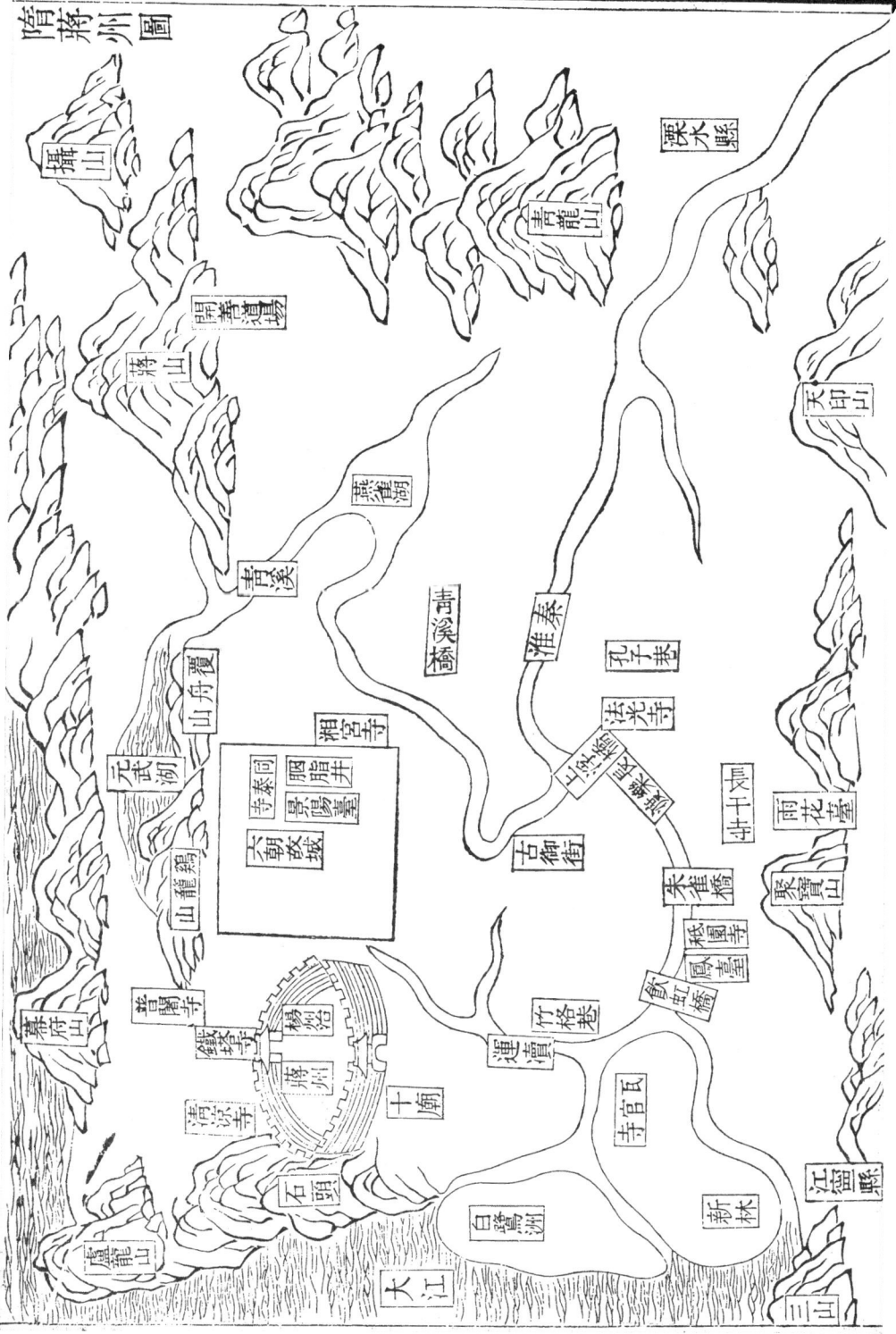

隋蔣州圖

攝山

溧水縣

青龍山

雨華道場

蔣山

天印山

燕雀湖

青溪

青溪橋

秦淮

孔子臺

法光寺

覆舟山

元武湖

湘宮寺

胭脂井

陽臺

六朝故城

同泰寺

雞籠山

古御街

上浣橋

鎮淮橋

長干寺

朱雀橋

慈恩寺

鳳皇臺

聚寶山

雨花臺

幕府山

普濟寺

經琺寺

清涼寺

蔣州

楊州

十廟

飲虹橋

竹格巷

道場

石頭

瓦官寺

新林

江寧縣

盧龍山

白鷺洲

大江

三山

隋蒋州图考

隋文帝开皇九年,平陈,建康城邑宫阙,并荡耕垦,六朝之迹,不复有存者。废(丹阳郡),平其城以为田,乃于石头置(蒋州)。依汉置太守,以司隶刺史相统。析溧阳、丹阳之地,置(溧水县)。十八年,废(溧阳),并入溧水,与(江宁)、(当涂)三县属蒋州。大业初,改蒋州,复名(丹阳郡),省建康、秣陵、同夏三县,入江宁。又废临沂、丹阳、湖熟三县,亦入江宁,与溧水二县,仍为丹阳郡所统。初,扬州治徙蒋州城内废东府城,后末年以江都为扬州,置总管府,句容属焉。自后扬州之名,专于江都矣。

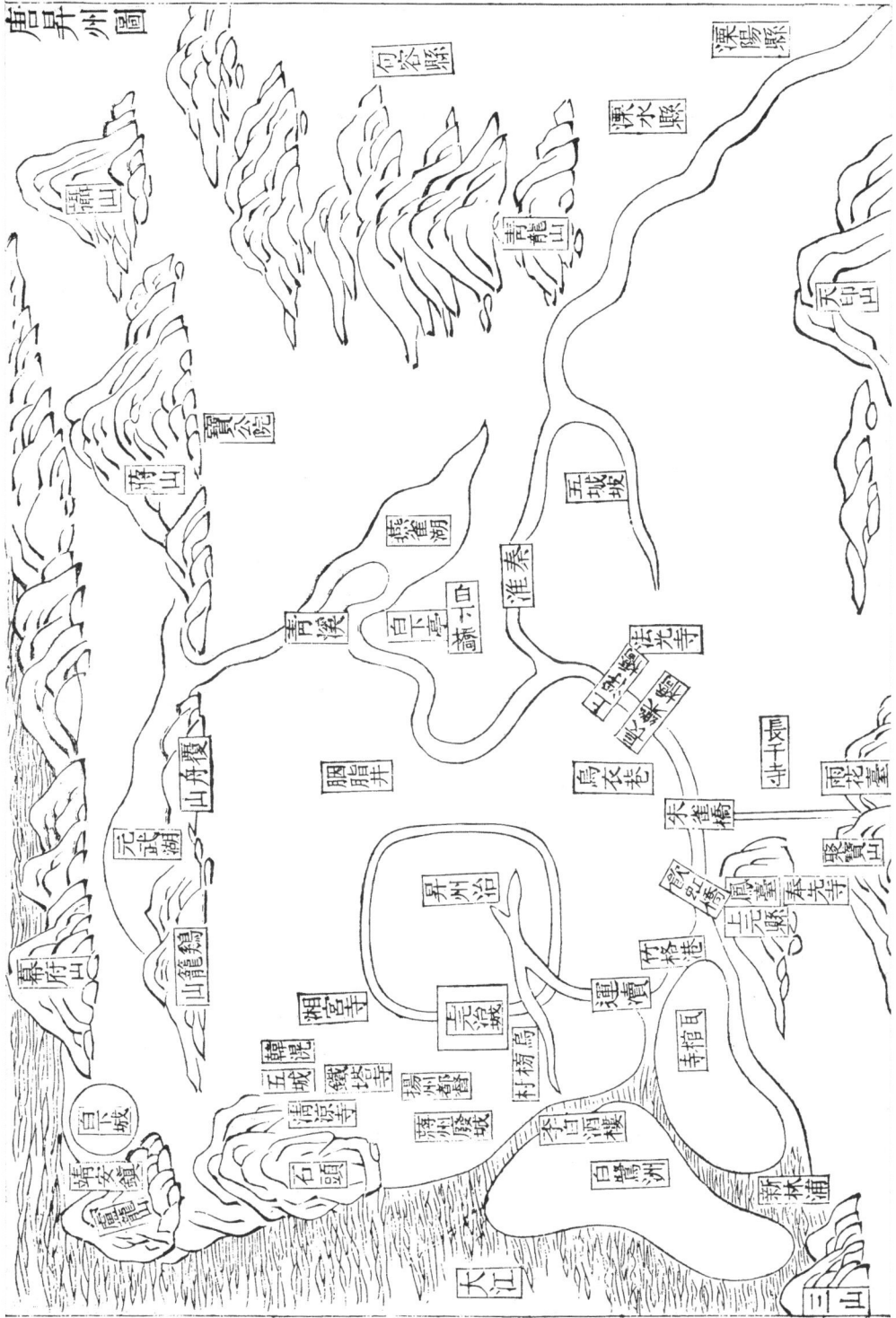

唐昇州圖

句容縣

溧水縣

溧陽縣

攝山

蔣山龍

天印山

寶公院

游山

燕雀湖

白下亭

白下橋

秦淮

五城堰

法光寺

青溪

覆舟山

山心禪寺

元武湖

鍾山龍

胭脂井

烏衣巷

長干寺

杏花臺

朱雀橋

聚寶山

幕府山

江寧縣
上元縣

瓦官寺

竹格巷

運瀆

昇州治

玄治城

湘宮寺

村楊烏

五城

鐵塔寺

瓦棺寺

揚州舊督
昇州

海州舊城

子白酒樓

白鷺洲

新林浦

白下城

靖安鎮龍灣

淸涼寺

石頭

大江

三山

唐昇州图考

唐灭隋,分天下十道,丹阳郡属江南东道。武德二年,置行台尚书省。三年,改江宁县为归化县,又改为金陵县。又析其地为安业县,寻废。以句容县置茅州。析江宁、溧水之地,复置溧阳县。七年,罢行台,为大都督府。复蒋州,仍改茅州为句容县,与金陵、溧水、溧阳属□州。九年,徙金陵县于白下村,曰白下县。贞观七年,复改为归化。九年,仍为江宁。至德二载,析置江宁郡而县废。乾元元年,改郡为昇州。上元二年,废州为上元县,治在西州城地。光启中,迁凤台山之西。大顺元年,复置昇州,统上元、句容、溧阳、溧水四县。按:《宫苑记》,隋大业六年,置金陵城,在玄风观南围。又按:唐李孝恭破贼,筑唐府城,近石头。天复二年,伪吴杨行密克昇州,将徐温改筑金陵城,贯秦淮,即以州治为府,以府治为宫,恐南唐宫即昇州治所也。

南唐江寧府圖

句容縣　溧水縣　溧陽縣

青龍山

攝山　徐鉉宅

蔣山　開善道場　燕雀湖　齊安寺　天印山

青溪　竹橋　白下亭　東門水口

九曲坊　法光寺　郊壇

覆舟山　北苑　宮城府院　會府　坊溪門　大虹橋

元武湖　元武橋　鍾阜山

鍾樓　南唐宮　石城門　御街　諸司衙　國子監　鎮淮橋　長千橋　聚寶山

小虹橋　南唐宮殿　飛橋　開濟橋　府靈江縣　鍮市　花行　淮青橋　韓熙載宅

證聖寺　縣靈江清　虹橋石　鐵窗橋　魚市　三鳳街　先臺寺　縣元　南門橋子

延祚院　紫極宮　武烈帝廟　正烈　昇元寺　靈公朝　焰

清涼寺　清化寺

石頭　橋水下

白鷺洲

慕府山　鳳臺山　天江　蒜山

南唐江宁府图考

初，伪吴杨行密子溥在唐末取昇州，后将徐温自领昇州，改筑城郭为金陵府。至石晋天福元年，为吴天祚二年，温假子知诰篡吴，以金陵为西都，改金陵府为江宁府，遂以府治为宫，以城为都，国号唐，复姓李，更名昇。城周二十五里，北六朝都城；近南贯秦淮于城中。西据石头，即今石城、三山二门；南接长干，即今聚宝门；东门以白下桥为限，即今大中桥；北门以玄武桥为限，即今北门桥。桥所跨水，皆昔所凿城濠也。今通济、三山水关，即当时淮水出入处。青溪九曲，至是为筑城绝其流。今竹桥下水西入旧城濠者，乃自潮沟从西南流之故道。自旧内傍南流，经淮清桥合秦淮者，则城内所存之一曲。内桥之北，东尽昇平桥，西尽大市桥，北至小虹桥，此宫城之限。内桥南直抵聚宝门大街，即当时御街也。按《志》：宫前御街，傍夹大沟，杂植槐柳，台省相望。今沟犹存。江宁府治，改于宫城之东。割上元南十九乡与当涂北二乡，复置江宁，与上元二县，皆治郭下。江宁治在北门内，上元治仍唐旧，句容、溧水、溧阳亦仍旧治焉。

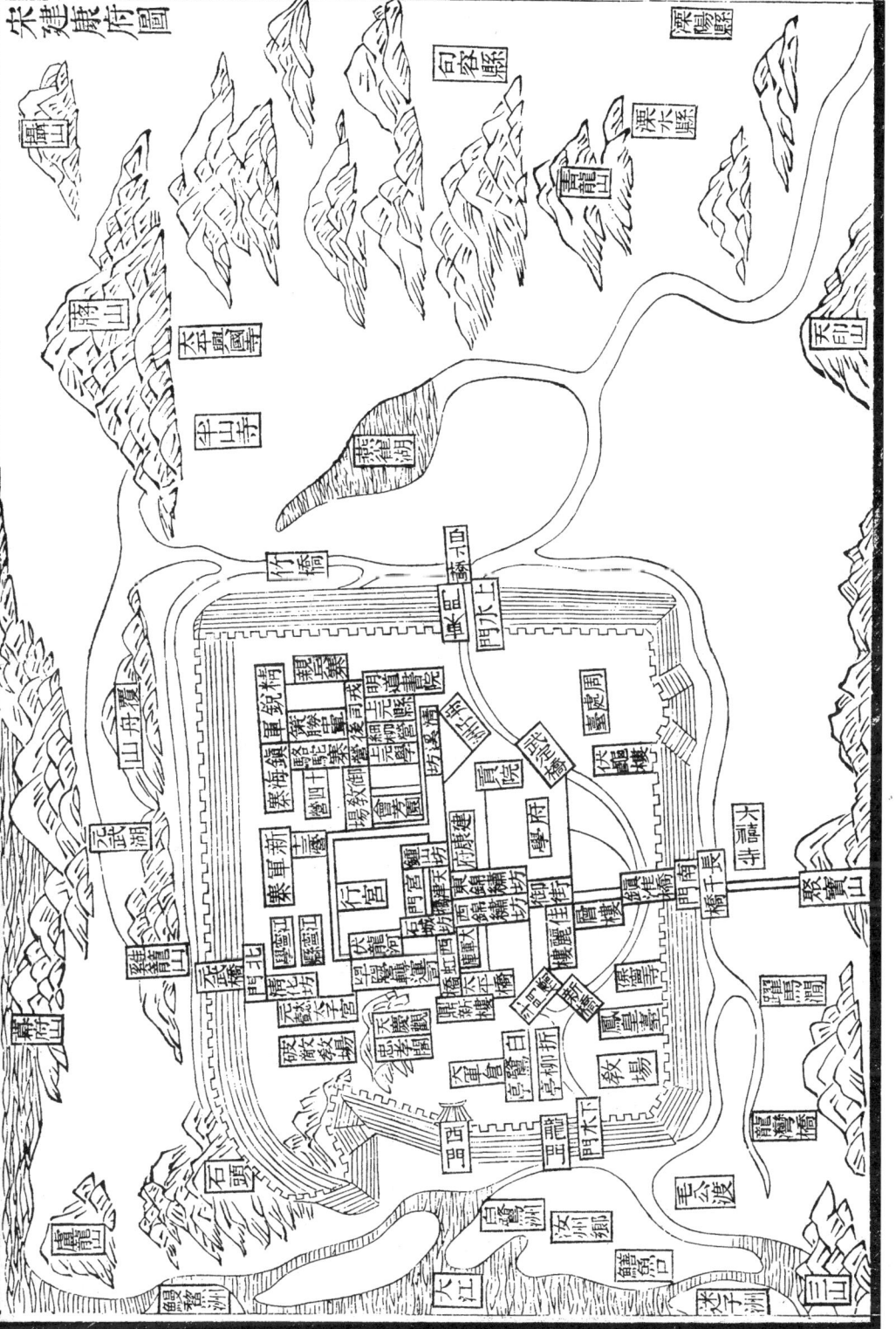

宋建康府圖

句容縣　溧陽縣

溧水縣

幕山　茅山寺　天興國寺　青龍山　天印山

燕雀湖

竹橋　上水門

覆舟山　玄武湖

北門橋　武衛橋

行宮　貢院　府學　伏龜樓

御街　鎮淮橋　長干橋　大禪寺　聚寶山

南門　武定門　柳坊

石頭　教場

西門　下水門

幕連山　龍灣橋　駐馬坊

石明　天江鄉　毛公渡

龍山

宋建康府图考

宋开宝八年，南唐灭。复昇州，仍以宫为州治，隶江南东路。天禧二年，升江宁府建康军节度使，封寿春郡王为昇王，建国后即位，是为仁宗。以昇为大国，不以封诸皇子，其守臣皆以宰执近臣为之。徙上元县于城东北南唐司会府地。建炎三年，改江宁府为建康府，又徙上元于城东隅。绍兴三年，高宗驻跸。明年，徙府治于东锦绣坊今旧内处，以府治地为行宫，设留守，命守臣兼之，安抚制置总领、转运提领、御前马步军诸司皆治于此。行宫即南唐宫地，前内桥改名天津桥，其下水引青溪，由东虹桥今昇平桥周绕大内东、西、北三隅，经西虹桥今大市桥复合青溪，曰（护龙河）。城皆伪吴顺义中所筑。由尊贤坊今里仁街口出东门，由镇淮桥出南门今聚宝门，由武卫桥出西门今石城门，由清化坊出北门今北门桥南大街，由斗门桥出龙光门今三山门。以上元、江宁为赤县，句容、溧水、溧阳为畿县，比西京故事。

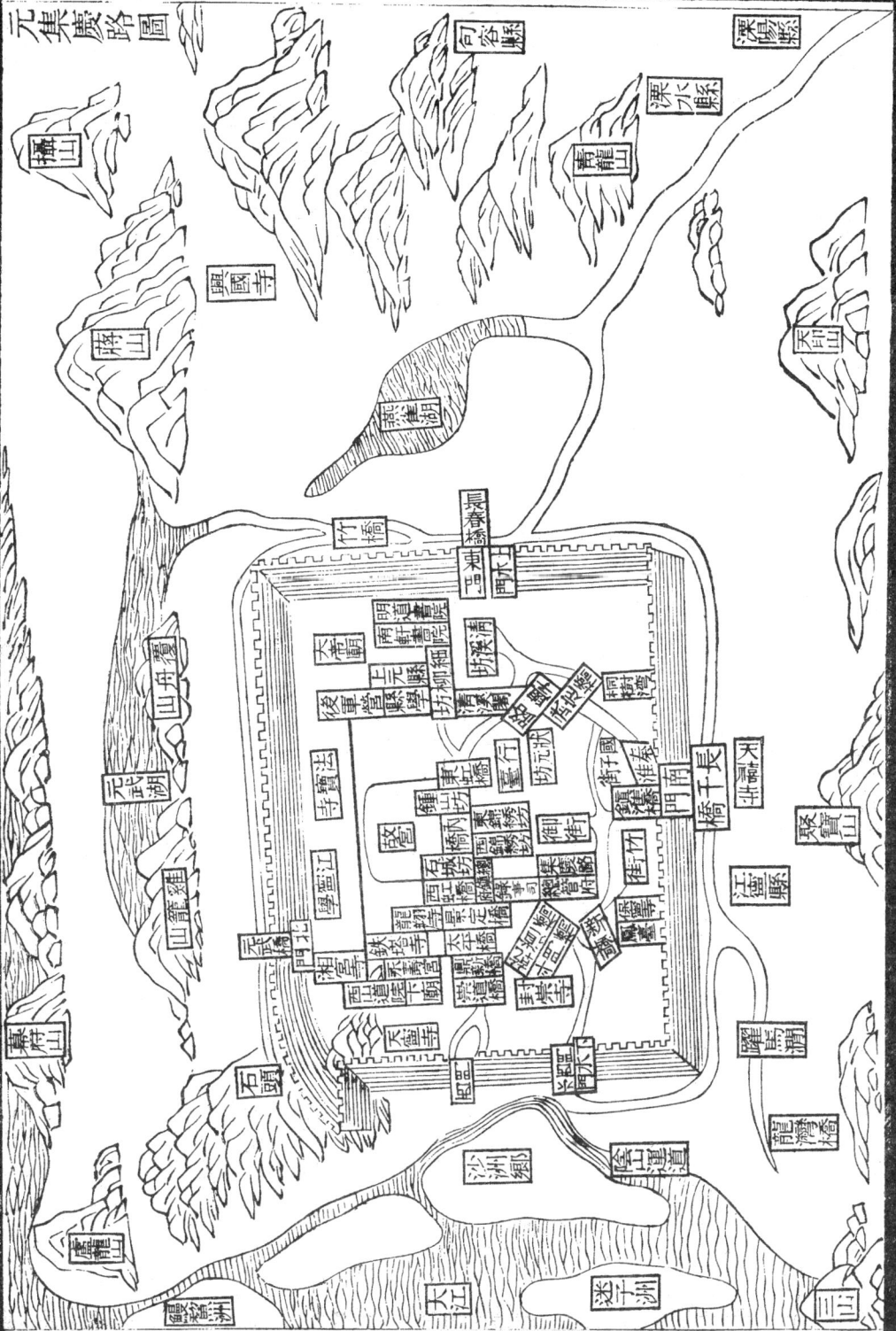

元集慶路圖

（全圖為元代集慶路地圖，標注地名如下）

溧陽縣　句容縣　溧水縣
梅山　青龍山　興國寺
蔣山　天印山
玄武湖　聚寶山
蒲漢湖

竹橋　春橋　東湘門　用水門
天禧寺　南軒書院　明道書院　坊巷細綱縣
後軍寨　上元縣學　清溪
法寶寺　鍾山　東虹橋　行宮　坊元淴　衛于國　天界寺
啟　城坊　橋內坊　鐵錢總領所　御街　鎮淮橋　長干橋　天界寺
武　江寧學　西虹橋　天寧寺　東錄事司　集慶府　江寧縣
升州門　湘宮　下河　景雲寺　夫子廟　鳳臺　曜靈湖
西道院　南唐宮　大雲興寺　淮橋　聚寶門　龍灣淺浮橋
天禧寺　虹橋　長干橋　長干水門

幕府山　石頭
白洲鄉　陸建道
天江　迷子洲
白鷺洲　白山
盧龍山

元集庆路图考

元至元十二年,即建康府治开省,设建康宣抚司、江东建康道提刑按察司,又设江东道宣慰司、江淮等处行中书省、行枢密院。十四年,更立(建康路)总管府,以宣慰兼本路达鲁花赤,就金厅君子堂内署府事。十六年,徙治于西锦绣坊大军库内今府治处,隶宣慰司,以达江浙行省。按察司改肃政廉访司,因避行台,迁治宁国路。府治迁徙不常,尝于上元县与军器库内置治。元贞二年,又徙府于银行街东南佳丽楼地今江宁县治。大德四年,徙于龙翔寺基今武学处,后终于银行街。天历二年,以路为潜邸,改名集庆,城中置录事司,管治城内。徙江宁县于南门外越台侧,升溧水、溧阳为州,领三县二州一司,比京畿例,与陕西奉天路径隶行御史台。城仍宋旧,呼西门曰大西,龙光门曰水西。

明都城圖

太平門　朝陽門　正方門　上方門

烈山廟　金川門　紅門　天壇　天壇　天禄所　犠牲所　天教場

孝陵　神策門　龍廟　神機營　夾岡門

燕山　磯石　蔣廟　驍騎　正陽門　川壇　元真觀　中和橋　通濟橋　高樓　廣貯倉

太平門　明安門　五府　正陽門　德恩寺　西天寺

御膳廚　竹橋　鑾駕庫　白虎橋　會同館　南川橋　大中橋　聚寶門　天界寺

天壇　御槨　西安門　武安門　淨覺寺　刑部院　籍沒　國子監　新浮橋　甲正橋　和寧橋　府學　大中街　鐵作坊　報恩寺

神樂　正陽門　政地府　里仁街　仔義街　中元坊　東城橋　承恩寺　文德橋　江寧縣　天府　定淮橋

武廟　天壽　武學　中城　中元坊　米市橋　內橋　淮清橋　天府　鐵作坊　大中街

誠樓　鐘樓　飲馬橋　龍橋　武馬　呈市　聚寶門

千河　龍橋　鐵作坊　元門　安德門

軍倉　軍倉　三山　石城門　江東門　馬渡　浮橋　毛公渡

石城門　聚寶門　上河　天勝關

金川門　龍　漢江驛　北河　靈河　玉河　上河　沿洲驛

北河　靈河　口江新

国朝都城图考

圣祖灭胡,区正中夏,于元至正丙申三月取集庆路,戊申混一海内。改路为应天府,大建城阙。考诸都城之域,惟南门、大西、水西三门因旧,更名聚宝、石城、三山。自旧东门处,截濠为城,沿淮水北崇礼乡地开拓八里,增建南出者二门,曰(通济)、(正阳)。自正阳以东而北,建东出者一门,曰(朝阳)。自钟山之麓曰龙广山,围绕而西,抵覆舟山,建北门曰太平。又西据覆舟、鸡鸣山即鸡笼山,缘湖水以北,至直渎山而西八里,又建北出者二门,曰神策、金川。自金川北,绕狮子山即卢龙山于内,雉蝶①东西相向,亦建二门,曰钟阜、仪凤。自仪凤迤逦而南,建定淮、清凉二门,以接旧西门,而周门西出者五。由聚宝北至金川、神策,比通济、正阳至太平之南北倍之;由朝阳至石城、三山,比定淮至神策之东城,三山水门至通济水门之东西亦倍之。东尽钟山之南冈,北据山控湖,西阻石头,南临聚宝,贯秦淮于内外,横缩屈曲,计周九十六里。外郭西北据山带江,东南阻山控野,辟十有六门。东五曰姚坊、仙鹤、麒麟、沧波、高桥,南六曰上方、夹冈、凤台、驯象、大安德、小安德,西一曰江东,北三曰佛宁、上元、观音,周一百八十里。皇城居极东偏,正门曰洪武,与都城正阳门直

---

① 雉蝶:应为雉堞。

对,在宋元都城之外燕雀湖地。西安门以北宫墙,即古都城之故址,东出青溪桥处也。旧内在古御街东,宋建康府元行台地。郊坛在正阳门外东隅。洪武门北之左,列吏、户、礼、兵、工五部。吏部之北有宗人府;宗人府之后,有翰林院、詹事府、太医院。洪武门北之右,列、中、左、右、前、后五军都督府。后府之南,有太常寺;府之后有通政司、锦衣卫、钦天监。通政司之北有鸿胪寺、行人司。置刑部、都察院、大理寺于太平门外,筑堤于玄武湖上,北达治所。光禄寺、尚宝司、六科在皇城内。国子监在鸡鸣、覆舟二山之南古药园垒处。三十六卫环布于城中,五城兵马指挥司在城内者三,城外者二。南有坊以居民,北有营以设行伍卫,各有仓,什九在城西北。徙应天府治,在旧内西华门之右,古西锦绣坊大军库元建康路处。徙上元县于昇平桥右,宋行宫之东南。徙江宁县治于银作坊元集庆路治。府学在武定桥东北,临秦淮,即元路学地也。正统间,定都于顺天府,以应天府为南京,设守备厅,如古留台。

應天府境方括圖

应天府境方括图考

应天自有郡以来，疆地统括，盈缩不常，莫广于汉，莫狭于隋，至唐以后，属县乃定，皆在大江之南。国朝始括江北二县。弘治四年，析溧水十四区民，增置高淳。所领凡八县：一曰上元，城东北境也，古江乘、临沂、湖熟故地。二曰江宁，城西南境也，古秣陵、建邺、丹阳故地。三曰句容，在上元之东八十里，出周郎桥。四曰溧水，在江宁之南九十里，出乌刹桥，古濑渚县地。五曰溧阳，在溧水之东南五十里，出分界山，古固城之东境。六曰高淳，在溧水西南，以高淳镇置治。七曰江浦，在江宁之西，距大江，古乌江地，增割邻境为县，置治于旷口。八曰六合，在江浦之东，出浦子口。东尽句容之境，抵镇江之丹阳、丹徒；南尽溧阳、溧水之境，抵广德州，连宁国之宣城；尽东南之境，连常州之宜兴；西南尽高淳、江宁之境，抵太平之当涂；西尽江浦之境，抵和州，西北连滁州；北尽六合之境，连凤阳之天长；东北尽句容、六合之境，抵扬州之仪真。东西相距三百六十里，南北相距四百六十里。

境内诸山图

三茅山
赤山

六云
竹堂
天城
庸门
固国
青龙
蒋山
石碗
住泉
出山

白山
横修

临沂

钟山

天印山

龙藏

观音
浮渡

路岐

东昌

观龙
鸣雞

聚宝

真青

天阙

蒋府山
嘉丽

三山

狮子
问望
马鞍
石陽

大石

一一〇

境内诸山图考

唐志称：东南名山，衡、庐、茅、蒋。金陵有二焉。蒋山故名钟山，实都邑之镇，武侯所谓"钟山龙盘"是也。宋周应合《山川序》云：钟山之左，自摄山、临沂、雉亭、衡阳，以达于东；又东为白山、大城、云穴、武冈，以达于东南；又南为土山、张山、青龙、石碯、天印、彭城、雁门、竹堂，以达于南；又南为聚宝、戚家、梓桐、紫岩、夏侯、天阙，以达于西南，绵亘至三山，而止于大江，所谓龙蟠之势也。钟山之右，近之为覆舟、鸡笼，在宫城之后；又北为直渎、大壮观、四望，以达于西北；又西北为幕府、卢龙、马鞍，以达于西，是为石头城，亦止于江，所谓虎踞之形也。然考其山之远近，地之连脉，亦少有不合者。盖东南之山，关城重抱，山势连属，不可一一次序言之。且古之江水，自三山东入，沿阴山、石子冈北流，以至于石头；又自石头沿马鞍、四望、卢龙、幕府东折，至于观音；又出临沂、摄山，直抵京口。二百余里，山势不绝。浮江而观之，三山据于西南，石头据于西北，秦淮中出，乃天限之门户也。今江水西流，沙洲旷邈。马鞍、凤台为民居日削，而阴山则陶冶为泽，渐不可寻矣。此则图其□□之大者焉。

境内諸水圖

境内诸水图考

金陵在大江东南,自慈姥山至下蜀渡,古称天堑巨浸,此江之境也。秦凿淮,吴凿青溪、运渎,杨吴凿城濠,宋凿护龙河,宋元凿新河,国朝开御河、城濠。今诸水交错互流,支脉靡辨。据经考之,自方山之冈垄,两涯北流,西入通济水门,南经武定、镇淮、饮虹三桥,又西出三门水门①,沿石城以达于江者,秦淮之故道也。自太平城下由潮沟南流入大内,又西出竹桥,入濠而绝,又自旧内旁周绕出淮清桥,与秦淮合者,青溪所存之一曲也。自斗门桥西,北经乾道、太平诸桥,东连内桥、西连武卫桥者,运渎之故道也。自北门桥东南至于大中桥,截于通济城内,旁入秦淮,又自通济城外,与秦淮分流,绕南经长干桥,至于三山水门外,与秦淮复合者,杨吴之城濠也。自昇平桥达于上元县后,至虹桥,南接大市桥者,护龙河之遗迹也。自三山门外达于草鞋夹,经江东桥,出大城港,与阴山运道合者,皆新开河也。东出青龙桥,西出白虎桥,至柏川桥入濠者,今大内之御河也。若城外落马涧诸水,不能悉载焉。

---

① 应为三山水门。

歷代互見圖

历代互见图考

　　历代城邑变置，若不可悉辨。然钟山自东北而迤逦于西南，大江自西南而环抱于东北，覆舟阻其后，聚宝当其前，青龙、石硊掖其左，石头、三山踞其右，秦淮横其中。考诸汉以后郡城，皆在淮水之南；六朝宫城皆在淮水之北，而近于覆舟；楚秦隋唐之城，皆在淮水西北，而据于石头；杨吴以后之城，皆跨淮水之南北，而近于聚宝。国朝因山距淮，尽乎四极，以是据方辨位，庶几可得矣。按：六朝宫城，正门曰大司马门，南对都城之宣阳门二里，宣阳门南对朱雀门五里，台省相望为御街。朱雀门临淮水上，朱雀航北，今考镇淮桥东南桐树湾处，当是航所。中正街府军营内小桥，当是宣阳门处。直出北口西华门西大街，当是大司马门处。国学成贤街南口，当是宫后平昌门处，珍珠河正在宫内也。成贤街外号以东，直抵西十八卫之后，当为都之北城。宋上元县西、细柳营直北，当为东城；武学以北，当为西城。其规模大略可见。南唐之宫，前临内桥，东尽昇平桥，西尽大市桥，北尽小虹桥，为子城之限，宋行宫即此。内桥南直抵镇淮桥，此则□□□□□也。志云"镇淮桥即朱雀桥者"，盖萧梁时□□□□□名旧航之处，唐所谓长乐渡也。南渡长乐一里，抵东城角，内外皆丹阳郡城之基。又东南近倪塘，乃晋王含五城。又南，当是古扬州治。清凉寺地以至石头山脊，为楚金陵邑城。又北，为唐韩滉五城。少东南,则隋蒋州城。又东,则冶城,今朝天宫处。又西抵下街,有西州桥,即西州城地,唐上元县城亦是其处。皆石头之麓,相去不远。南循三山水关内下浮桥,北为赏心亭,少西为折柳亭。出水关中街,水环绕处当为白鹭洲。洲之上,今普惠寺,当是李白酒楼。绕南城角高处,即昇元阁旧基。少北高阜,皆凤凰台山。少西即建初寺,寺西即杏花村。聚宝门外为长干,向西为越城,少南为秣陵城。东南为国门,转东至通济跨城处,当为东府城。大中桥东畔为白下亭。长安街西口,当为宋冰安宫①。北抵竹桥之侧,当为金华宫。六朝城后今国学处,为玄圃小教场。西门内为上林苑,将台处当为乐游苑。蒋庙之西南,当为商飙馆,西北为亲蚕宫。此皆可因据而互见者也。

---

① 应为永安宫。

跋

　　游金陵者，多嗜读陈云伯《秣陵集》。《秣陵集》所载图考，皆直录陈鲁南《金陵古今图考》而不言其所自。鲁南为图十有六，云伯模录十有三，逐篇略加考订，惟未载《府境方括图》《境内诸山诸水图》。中社同人谋印书，爰取兹编及《洪武京城图志》，依式影印，俾览古者知其朔焉。抑鲁南是书，虽已可考见金陵建置沿革，犹病简略。《至正金陵新志》有《金陵山川封域图》及《台城古迹图》，视此加详。异时当赓续印行，以继《景定建康志》，庶于金陵掌故，缕靡遗尔。戊辰冬十有二月，镇江柳诒徵。